DenkZeichnen

DenkZeichnen

**Machen Sie sich
ein Bild von Ihren Ideen**

von Hans-Jürgen Walter

JOSEF SCHMIDT VERLAG
Postfach 10 11 62 · D-95411 Bayreuth
Eduard-Bayerlein-Straße 5
D-95445 Bayreuth
Tel. 09 21/80 90 · Fax 09 21/8 09 34

ISBN 3-926 258-16-0

2. Auflage 1996, Josef Schmidt Verlag, Bayreuth

Eduard-Bayerlein-Straße 5, D-95445 Bayreuth

Inhaltsverzeichnis

Einleitung

Kapitel I: Wissenswertes über's Gehirn

Kapitel II: Unsere Notizen

Einleitung

"Es gibt gewisse Dinge, die unser Zeitalter braucht. Es braucht vor allem mutige Hoffnung und den Impuls zur Kreativität." (Bertrand Russel)

Wie lange halten Sie es eigentlich mit einem tropfenden Wasserhahn aus? Einen Tag, eine Woche oder gar einen ganzen Monat?

Mein Geduldsfaden ist diesbezüglich ziemlich lang. Aber irgendwann reißt er dann doch. Meistens zu den unmöglichsten Zeiten, wie z.B. während des abendlichen Zähneputzens. Nach dem Motto "Jetzt oder nie!" begebe mich dann im Bademantel in die eiskalte Werkstatt und greife - bevor ich mich der langen Suche wegen erkälte - die nächstbeste Zange. Und nun kommt, was kommen muß. Garantiert sitzt die zu lösende Schraube an diesem Abend besonders fest. Und in Ermangelung des richtigen, sprich "passenden" Werkzeuges tun sich nach endlosen vergeblichen Versuchen nun folgende Alternativen auf:

a) Man(n) dreht schlicht und einfach die Schraube rund, verkratzt dabei den Chrom und zieht sich den Unwillen der Göttergattin zu.

b) Man(n) dreht die Schraube rund, verkratzt den Chrom, verärgert seine Gattin, rutscht zudem noch ab undtut sich dabei ganz böse weh.

Sicher werden Sie nun sagen: "So geht man ja auch nicht an eine Aufgabe heran! Da holt man das passende Werkzeug und erspart sich damit eine Menge Zeit und Ärger, und die Finger bleiben auch heil!"

"Menschen, die nur mit einem Hammer umgehen können, betrachten jedes Problem als einen Nagel." (Abraham Maslow, Psychologe)

Recht haben Sie! Gott sei Dank haben wir Kopfarbeiter nicht allzu oft mit tropfenden Wasserhähnen zu tun. Unsere Aufgaben bestehen ja vielmehr darin, zu denken, zu telefonieren, Ideen aufs Papier zu bringen und zu lesen - eben "Kopfarbeit". Und dabei stellt sich ja nicht das Problem, ein falsches Werkzeug einzusetzen oder sich dabei gar weh zu tun, oder?!

STOP!

Sitzt man nicht manchmal am Schreibtisch und sucht bleistiftkauend nach einer genialen Lösung für ein bestimmtes Problem? Und ist es nicht so: Je mehr man darüber nachgrübelt, desto weniger fällt einem ein? Oder denken Sie nur einmal an die Stapel von Fachzeitschriften, die im Monat weggelesen werden wollen.

Fühlt man sich nicht manchmal von dieser Informationsflut schlichtweg überrollt? Oder ist es nicht frustrierend, wenn einem die besten Argumente für ein Telefonat immer dann einfallen, wenn man gerade aufgelegt hat?

Eine Umfrage bei über 100.000 Kopfarbeitern in Europa hat ergeben, daß die meisten über folgende Probleme klagen: "Ich kann mich schlecht auf eine Sache konzentrieren!" "Ich habe Angst, vor vielen Leuten zu reden!" "Ich bin oftmals unmotiviert!" "Ich glaube nicht, daß ich besonders gute Ideen habe!" "Mir fällt es schwer, meine Gedanken zu ordnen!" "Ich fühle mich erschlagen von all dem vielen Fachwissen!" "Ich habe Probleme, Entscheidungen zu treffen!" "Ich kann meine Zeit schlecht einteilen!"

Auch wenn es nur ein schwacher Trost ist - damit sind wir nicht alleine. Eine Vielzahl von Kopfarbeitern klagen über diese Probleme.

Die Ursachen hierfür liegen nicht darin, daß unser Gehirn, das Verarbeitungsorgan all dieser Prozesse, den heutigen Aufgaben nicht mehr gewachsen ist.

Es liegt auch nicht daran, daß man "halt ein schlechtes Gedächtnis hat" oder "halt nie besonders kreativ war", denn nachgewiesenermaßen läßt sich beides trainieren. Nein - die Hauptursache liegt schlichtweg darin, daß wir oftmals mit den falschen (Denk-) Werkzeugen an unsere Aufgaben herangehen.

In diesem Buch lade ich Sie ein, Ihren Denk-Werkzeugkasten ein wenig aufzurüsten. Unter dem Oberbegriff "DenkZeichnen" verbergen sich eine ganze Reihe von hocheffektiven Denk-Werkzeugen - wie das **Clustering** oder das **Mind Mapping.**

DenkZeichnen - Welchen Nutzen haben Sie davon?

Arbeiten Sie schon längere Zeit mit einem Personal-Computer? Ja? Dann versuchen Sie doch einmal, in Ihren neuen 486er-PC eine Software einzuspielen und zu starten, die Sie vor drei oder vier Jahren für Ihren ersten PC gekauft haben.

Das Resultat: Es wird nicht funktionieren. Ihr PC wird sich einfach weigern, dieses - für EDV-Maßstäbe - "prähistorische" Programm zu starten.

Auf ganz ähnliche Weise wird Ihr Bio-Computer namens "Gehirn" reagieren, wenn Sie mit Lern- und Denktechniken aus Ihrer Schulzeit versuchen, z.B. der "Wanderdüne" von Fachzeitschriften Herr zu werden. (Man scheint weder Zeit zum Lesen zu haben, noch kann man sich von diesem Wissensberg trennen. Und so beginnt er zu "wandern". Von einem Ablagefach ins andere, vom Büro nach Hause und wieder zurück, usw.).

Aber das alles muß nicht sein! Mit diesem Buch werden Sie frischen Wind in Ihre alten Strategien bringen. Mit dem DenkZeichnen werden Sie besonders zwei Ihrer Denkstrategien mit einem Turbolader versehen.

1) Sie werden maßgeblich Ihre **Kreativität verbessern**. Sie werden in kürzerer Zeit originellere Ideen und effektivere Problemlösungen generieren können.

2) Sie werden **Informationen schneller erfassen** und **begreifen** lernen. Sie werden relevante Informationen effizienter **in Wissen umsetzen** und dieses Wissen leichter in **Ihr Langzeitgedächtnis** einspeichern können.

Mythos "Kreativität"

"Einfälle zu haben ist wie sich rasieren: wenn man es nicht jeden Tag macht, verkommt man." (Alex Kroll, Werbefachmann)

Wettbewerb wird zunehmend zum Wettbewerb des Denkens, sprich der "guten Ideen".

Das Dilemma mit den "guten Ideen" war lange Zeit, daß man glaubte, Kreativität sei in erster Linie Menschen vorbehalten, die entweder Genies oder verrückt waren - was in der Praxis meist auf das Gleiche herauskam. Auf jeden Fall war man sich sicher, daß beides nicht "normal" war, also nicht der Norm, dem Üblichen entsprach. Da man selbst aber möglichst normal sein wollte, mußte man sich auch nicht schämen, keine besonderen Ideen zu haben (denn dann hätte man ja nicht mehr als "normal" gegolten).

Und so entwickelte sich der Mythos, daß Kreativität erstens den Künstlern und Erfindern vorbehalten und zweitens eine Begabung sei, die "Otto Normaldenker" sowieso nicht in die Wiege gelegt sei. Viele Menschen denken auch heute noch oft an Kunstmaler, Musiker und Tänzer, wenn sie an Kreativität denken. Aber die geistige Haltung eines Künstlers, "etwas daraus zu machen", kann jeder zu seinem Nutzen anwenden.

Kreativität versetzt uns in die Lage, das Leben aktiv nach unseren Vorstellungen zu gestalten. Und damit ist Kreativität weitaus mehr als nur die Fähigkeit, "neu- und großartige Dinge zu erfinden".

Kreativität ist Vorstellungsvermögen, Originalität, Humor und Witz, Empfänglichkeit für Probleme, Fehlerfreudigkeit, geistige Beweglichkeit, schöpferische Wahrnehmungsgabe und viele andere für ein harmonisches Leben entscheidende Eigenschaften mehr.

Der einzige Wermutstropfen war vielleicht (bisher), daß wir nie gelernt haben, den Zugang zu unserem kreativen Potential zu finden. Aber das werden wir ändern, falls Sie möchten.

Ich werde Ihnen zeigen, wie Sie mit dem Werkzeug "DenkZeichnen" spielerisch eine Menge guter Ideen generieren werden, ganz gleich, ob Sie einen fetzigen Aufhänger für einen Vortrag brauchen oder eine Reihe neuer Marketing-Ideen suchen.

Material, Energie, Kapital und die Ressourcen der Natur sind endlich, somit knapp und kostbar. Die einzige Ressource, die ausreichend vorhanden ist und noch bei weitem nicht ausgeschöpft ist, ist die menschliche Erfindungsgabe, unsere Kreativität. (Gerd Silber Bonz, Vorstandsvorsitzender der Pirelli Deutschland)

"Die Orchestermusiker von Franz Joseph Haydn sind wirklich sauer auf den Herzog, weil er ihnen einen Urlaub versprochen, diesen aber schon mehrere Male verschoben hat. Sie bitten Haydn, bei dem Herzog darauf zu drängen, daß sie etwas mehr Freizeit bekommen. Haydn denkt eine Weile nach, beschließt dann, daß die Musik sprechen solle und komponiert die "Abschieds-Symphonie". Die Vorstellung des Werkes beginnt mit dem gesamten Orchester, aber Haydn hat es so in Partitur gesetzt, daß im weiteren Verlauf immer weniger Musiker benötigt werden. Nachdem jeder Musiker seinen Part zu Ende gespielt hat, bläst er seine Kerze aus und verläßt die Bühne. Das tut einer nach dem anderen, bis keiner mehr da ist. Der Herzog hat den Wink verstanden.

Wissen ist Macht

Kind: Papi, wie funktioniert ein Fernseher?
Vater: Das weiß ich nicht.
Kind: Papi, wo kommt der Strom her?
Vater: Das weiß ich nicht.
Kind: Papi, warum wächst das Gras?
Vater: Das weiß ich nicht.
Kind: Papi, stört es dich eigentlich, wenn ich dir all diese Fragen stelle?
Vater: Natürlich nicht. Du kannst ja nichts lernen, wenn du keine Fragen stellst.

Unsere Welt wird zunehmend komplexer und vernetzter.

Nachrichten aus fernen Ländern, die früher Tage brauchten, um zu uns zu gelangen, stehen heute via Satellit und Kabelfernsehen nahezu just-in-time zur Verfügung. Weltweite Datennetze wie Internet und CompuServe umspannen den Globus und versorgen uns mit minimalem Aufwand mit Millionen von Informationen - ganz gleich, ob wir nun zu Hause, im Büro oder im Wochenendhaus sind.

Diese unheimlich schnelle Verfügbarkeit der Informationen, aber auch die zunehmende Verarbeitungsgeschwindigkeit der Computer ließen den Pegel der Informationsflut in den letzten Jahren gewaltig ansteigen. Hinzu kommt, daß das Wissen immer schneller veraltet.

Ein Handwerker, der in den 50er Jahren seinen Meisterbrief bekam, konnte mit diesem Fachwissen gut und gerne 20 Jahre lang leben. Ein Fachmann, der heute seine Ausbildung abschließt, ist nach 5 Jahren hoffnungslos out-of-date, wenn er nicht ständig dazulernt.

Vielen Menschen scheint angesichts dieser dramatischen Wissens-Entwicklung das Wasser sprichwörtlich bis zum Halse zu stehen. Das beginnt mit dem Wunsch nach den “guten alten und übersichtlichen Zeiten” (die nachgewiesenermaßen nur in der Retrospektive so “gut” waren) und endet nach Vogel Strauß-Manier mit der massiven Ablehnung neuer Technologien (= “Technophobie”).

Weitaus nützlicher erscheint es mir jedoch, auch hier unsere Strategien zu überdenken, wie wir mit “Informationen” umgehen.

Wer von uns hat gelernt, wie man Informationen aufbereitet, Nützliches von Unnützem trennt und das relevante Wissen schnell und sicher ins Gedächtnis speichert?

Von der ersten Schulstunde an haben wir Fakten gelernt, Fakten und Informationen über Geographie, Mathematik, Grammatik und Geschichte. Aber Informationen darüber, wie wir uns diese Fakten am effektivsten aneignen, wie man also lernt - das haben wir nicht erfahren.

"Der durchschnittliche Angestellte hat zwischen 1.000 und 10.000 Stunden damit verbracht, Wirtschaft, Geschichte, Mathematik, Sprachen und Literatur zu studieren. Der gleiche Angestellte hat weniger als 10 Stunden damit zugebracht, wie man denken lernt." (Tony Buzan)

Die Konsequenz: Auf der Grundlage von “Trial and Error” (Versuch und Irrtum) haben wir eben unsere eigenen Lernstrategien entwickelt. Strategien, wie man Vokabeln oder Geschichtszahlen lernt, bynomische oder chemische Formeln ins Hirn so hineinbringt, daß sie möglichst lange darinbleiben (mindestens bis zur nächsten Klausur).

Damals mögen diese Strategien ja noch einigermaßen funktioniert haben, aber heute?

Mit dem DenkZeichnen werden Sie lernen, Informationen gehirn-gerecht aufzubereiten, also auf eine Art und Weise, die Ihnen garantiert, daß die Information auf dem kürzesten Weg in Ihrem Langzeitgedächtnis landet.

DenkZeichnen -
ein mentales Fitness-Studio

DenkZeichen-Techniken wie das Mind Mapping und das Clustering entwickeln über den kurzfristigen Nutzen wie Zeitersparnis, bessere Ideen usw. auch eine Langzeitwirkung. Wie in einem "mentalen Fitness-Studio" werden Sie so ganz nebenbei all jene Denkmuskeln trainieren, die Sie in Zukunft noch besser nutzen möchten, wie z.B. Ihre Fähigkeit, ...

... sich besser und länger zu konzentrieren
... aufmerksamer zuzuhören
... sich schneller zu entscheiden
... das Wesentliche vom Unwesentlichen zu trennen
... Situationen von verschiedensten Standpunkten aus zu betrachten (mentale Beweglichkeit)
... logisch UND intuitiv zu denken
... auf Details zu achten und dennoch nicht den Überblick zu verlieren
... originell zu sein
... mehr Spaß zu haben

... denn wer Spaß bei dem hat, was er tut, wird sehr gut darin sein. Auf alle Fälle viel besser als jene, die das gleiche tun, aber weniger Spaß dabei haben.

Hans-Jürgen Walter

Neckarsteinach, im Frühjahr 1995

Ein Dankeschön

Ich habe mich immer gefragt, warum viele Autoren zu Beginn Ihrer Bücher anderen Menschen danken. Nach über einem Jahr Arbeit an diesem Buch weiß ich es. Ohne DIESE Menschen wäre es schlichtweg unmöglich, das Buch zu schreiben. Die wenigsten Ideen, Gedanken, Techniken und Werkzeuge aus diesem Buch sind meinem Gehirn entsprungen. Nein, das Meiste stammte aus Köpfen, die weitaus genialer (da noch besser trainiert!) sind als der meine. Ich habe lediglich einige der (subjektiv) nützlichsten und brauchbarsten Ideen und Werkzeuge zusammengetragen, die ich im Laufe der Jahre entdeckt habe.

Vielen Dank für all die Anregungen und Ideen von: Vera F. Birkenbihl, Gabriele L. Rico, Nancy Margulies, Tony Buzan, Ned Herrmann, Roland Spinola, Gerhard Reichel, Lutz Berger, Roger Sperry und all den anderen, die mir viele wertvolle s gaben.

Ganz besonders möchte ich mich bei Josef Schmidt bedanken, der spontan von der Idee dieses Buches begeistert war und dieses Projekt erst ermöglicht hat.

Übrigens: Die tollen Zeichnungen stammen von meinem Freund Axel Hübner, der damit das I "getüpfelt" hat.

Ganz besonders widme ich dieses Buch meiner kleinen Tochter Katharina, die mich viel über Begeisterung, Neugierde und den Umgang mit Mißerfolgen lehrte, meinen Eltern, die mir das vorlebten, wovon viele andere nur redeten und Simone, die mir die Nächte erhellte und dafür sorgte, daß dieses Buch außer mir auch andere Menschen verstehen.

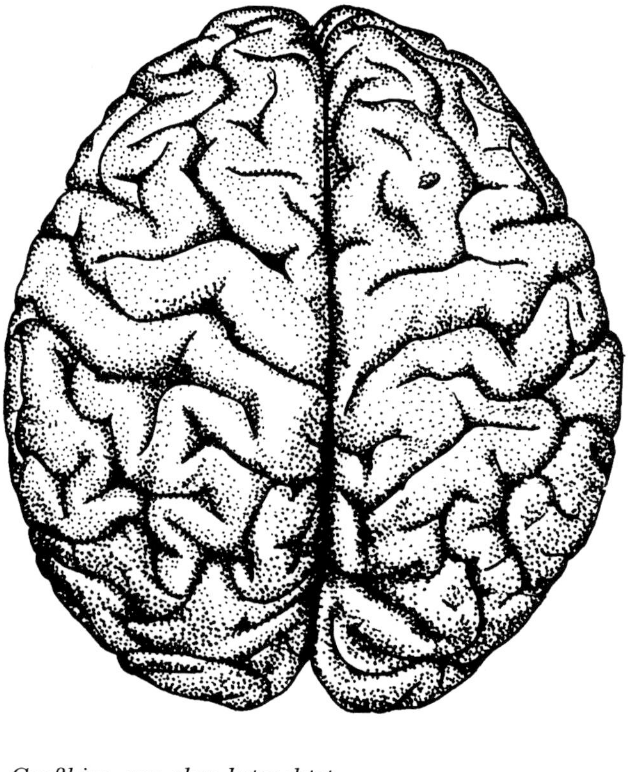

Großhirn, von oben betrachtet

Kapitel I

Wissenswertes über's Gehirn

Die DenkZeichen-Techniken basieren auf den Erkenntnissen der Gehirnforschung der letzten 30 Jahre, besonders jedoch auf dem Modell der beiden Großhirnhälften.

Dieses Kapitel lädt Sie ein, dieses einzigartige Universum etwas genauer kennenzulernen und mehr über jene neurophysiologischen und auch psychologischen Hintergründe zu erfahren, die dem DenkZeichnen zugrunde liegen.

"Wenn das Gehirn ein Computer ist, dann ist es der einzige, der mit Glukose läuft, 10 Watt Elektrizität erzeugt und durch ungelernte Arbeiter hergestellt wird."
(David Lewis)

Im Durchschnitt ist es 1.500 g schwer, so groß wie eine Grapefruit, hellgrau, an manchen Stellen rot und eigentlich recht unansehnlich - unser Gehirn.

Und da es auf der Welt ca. 5 Milliarden menschliche Gehirne gibt, ist es nicht weiter verwunderlich, daß es mehr als EINE Ansicht darüber gibt oder gab, was das Gehirn denn eigentlich ist. Die Ansichten über unser Gehirn reichen von einem Organ, das zur Abkühlung erhitzter Muskeln dient - quasi als menschliches Kühlaggregat (dies war eine Lehrmeinung des 18. Jahrhunderts) - bis hin zu einem "Organ zur Produktion von ausleserelevanten Echtzeitsimulationen" (Dr. Incredible, 20. Jh.).

Kapitel I

"Eines der am schwersten zu erforschenden Teile unseres Körpers - der Schädel - scheint nicht nur die Aufgabe zu haben, das Gehirn vor Verletzungen zu schützen, sondern auch vor den Blicken neugieriger Neurowissenschaftler. Und wenn man dann endlich einmal hineingelangt ist, dann hat das, was man an Strukturen sieht, nicht sehr viel damit zu tun, was diese Strukturen tun. Das Herz zum Beispiel macht es einem da sehr viel leichter. Es sieht aus wie eine Pumpe und arbeitet wie eine. Das Gehirn sieht aus wie nichts anderes und arbeitet wie nichts anderes und ist das einzige Ding auf dieser Welt, das es schafft, über SICH SELBST nachzudenken und das macht es: EINMalig." (Robert Ornstein)

Die Suche nach dem, was denn das Gehirn nun letztendlich ist, wie es funktioniert, was es zum optimalen Arbeiten braucht, erlebt momentan einen noch nie dagewesenen Aufschwung. 1989 erklärte der amerikanische Kongreß die 90er Jahre zum "Jahrzehnt des Gehirns". Forschungsgelder von rund 6 Mrd. Mark werden jährlich zur Verfügung gestellt. Die Neurowissenschaften erlebten einen gewaltigen Boom.

In Europa versucht die Schweiz im Alleingang, ebenfalls ein "Jahrzehnt des Gehirns" zu verkündigen, gefördert mit 100 Mill. ECU. Doch scheint es, daß die Bemühungen, das menschliche Gehirn bis ins letzte Neuron verstehen zu wollen, einer Sisyphusarbeit gleichen.

Denn das Gehirn scheint sich schneller fortzuentwickeln, als die Wissenschaftler es untersuchen können. Als selbstorganisierendes und dynamisches System ist es seiner endgültigen Erklärung immer einen Evolutionsschritt voraus.

"Vieles deutet darauf hin, daß die neuen starken Reize der Außenwelt anders verarbeitet werden als früher. Es liegt auf der Hand, daß Vernetzungen reduziert und die Kapazität durch parallel geschaltete direkte Reizleitungen enorm erhöht wurden." (Dr. Harald Rau, Uni Tübingen)

Der Kraftprotz "Gehirn" scheint permanent zu mutieren, sich also fortlaufend als dynamisches System selbst weiterzuentwickeln. Das wäre dann in etwa so, als wenn sich Ihr 486er Personalcomputer auf eigene Faust entschließen würde, über Nacht seine Prozessorleistung zu verdoppeln und die Datenleitungen zu verbreitern. Dennoch hat der Forschungsaufwand in den letzten Jahrzehnten eine Menge neuer Erkenntnisse eingebracht, die man für die tägliche "Gehirnbenutzung und -pflege" hervorragend umsetzen kann.

Das Gehirn - reif für das Guinness-Buch der Rekorde

Der kleinste Baustein in unserem Denkgebäude Gehirn ist die Nervenzelle (das **Neuron**). Einige Wissenschaftler schätzen, daß wir über mehrere hundert Milliarden dieser Nervenzellen verfügen.

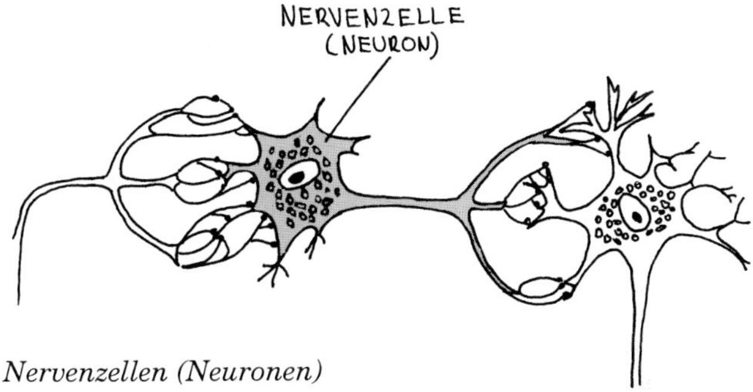

Nervenzellen (Neuronen)

Eric Kandel, ein führender Neurobiologe, geht sogar soweit, von 1 Billion (10^{12}) Nervenzellen zu sprechen. Diese Vielzahl von Neuronen bilden miteinander ein gigantisches Netzwerk. Über besondere Nervenkontaktstellen, die sogenannten **Synapsen**, kann jedes Neuron Informationen an andere Neuronen senden und empfangen.

Neueste Untersuchungen gehen davon aus, daß jedes Neuron in unserem Gehirn über 1.000 dieser Kontaktstellen verfügt, einige Neuronen in der Großhirnrinde sogar bis zu 200.000 Synapsen.

Der Aristrokrat unter den Körperstrukturen, mit riesigen Armen, die sich wie die Fühlarme eines Oktopusses zu den Provinzen an der Grenze zur äußeren Welt ausstrecken, um auf die ständigen Gefahren von physikalischen und chemischen Kräften zu lauern - das ist das Neuron.
(Santiago Ramon y Cajal, Künstler und Neurologe des 19. Jh.)

Die Summe aller möglichen Verbindungskombinationen in diesem weitverzweigten Neuronennetzwerk ist astronomisch. Sie ist größer als die Zahl aller Atome in dem uns bisher bekannten Universum.

"Die Zahl der Strukturbildungsmöglichkeiten oder Freiheitsgrade in unserem Gehirn ist so groß, daß man für das Niederschreiben in normal großen Ziffern einen Papierstreifen von über 10,5 Millionen Kilometer Länge bräuchte. Mit einer solchen Zahl von Möglichkeiten ist das Gehirn eine Klaviatur, auf der Hunderte von Millionen verschiedener Melodien gespielt werden können." (Prof. Anokhin)

Der Umfang dieses gigantischen Netzwerks, in dem teilweise bis zu 10^9 elektrische Impulse mit einer Geschwindigkeit von nahezu 400 km/h durch die Nervenfaser gejagt werden, beträgt ca. 770.000 km. Das ist ungefähr so weit wie einmal zum Mond und wieder zurück. Soviel zu einem eventuellen Eintrag ins Guiness-Buch der Rekorde.

Für uns Gehirnbenutzer ist nun folgendes wichtig:

Die Anzahl der Neuronen bleibt bis auf einen minimalen natürlichen Schwund von zwei bis drei Prozent bis ins hohe Alter konstant. Nachdem sie sich vor der Geburt extrem schnell geteilt haben, verlieren diese Nervenzellen bereits am Ende des zweiten Lebensjahres ihre Teilungsfähigkeit. Dann steht die Anzahl der Neuronen mehr oder weniger fest. Leider gibt es auch einige Hirnareale, die bei Nichtgebrauch ihre Nervenzellen schrumpfen lassen. So hat man bereits bei 25Jährigen in der sogenannten praemotorischen Rinde eine Schrumpfung der Nervenzellen festgestellt, da die Gehirnbesitzer offenbar die Bewegungen, die zum Erhalt dieser Nervenzellen notwendig waren, eingestellt haben.

Ganz anders sieht es mit den Verbindungsstellen der Nervenzellen, den Synapsen aus. Ihre

Zahl und auch ihre Qualität ist deutlich davon abhängig, wie sehr wir unsere (grauen) Zellen in Anspruch nehmen.

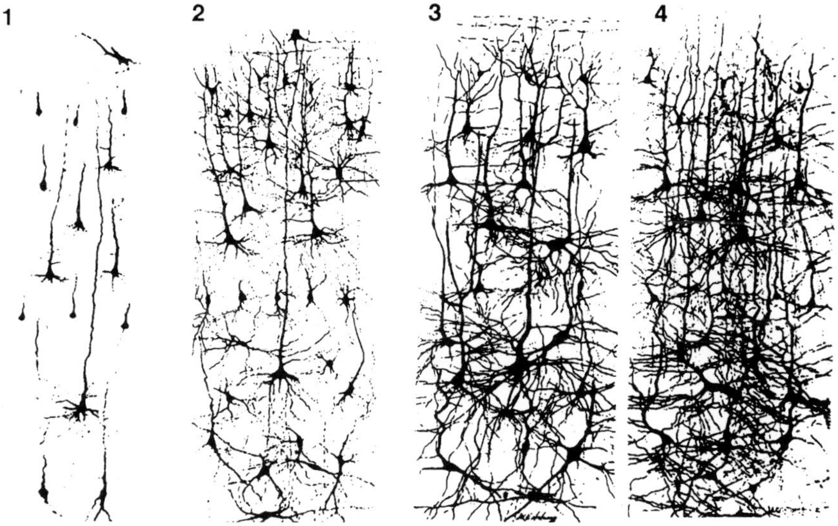

Wachstum der Neuronen: 1 nach der Geburt, 2 nach 13 Monaten, 3 nach 15 Monaten, 4 nach 2 Jahren

Merke:
Unser Kraftprotz Gehirn läßt sich mit einem Muskel vergleichen. Wird er bewegt und gefordert, dann wächst er und wird stärker - und umgekehrt.

Wenn Sie Ihr Gehirn also regelmäßig und intensiv nutzen, sprießen auch fröhlich die Synapsen. Dies gilt besonders für das Erlernen neuer Denk- und Bewegungsabläufe. Damit halten Sie automatisch auch Ihre Denkmuskeln weich und geschmeidig.

Kapitel I

Die Archi-denk-tur unseres Gehirns

Wie eine Landkarte als Modell für die Wirklichkeit dient, jedoch nicht die Wirklichkeit ist, so entsprechen auch die folgenden Denkmodelle nicht exakt der hirnanatomischen Realität auf dem aktuellsten Stand der Wissenschaft. Obwohl eine Landkarte nicht die genaue Wirklichkeit abbildet, leistet sie uns dennoch beim Autofahren oder Wandern hervorragende Dienste.

In ähnlicher Weise verhält es sich mit den Gedankenmodellen auf den nächsten Seiten, deren Betrachtungsweise sich nach wie vor als nützlich erweist, auch wenn das wissenschaftliche Verständnis des Gehirns mittlerweile weitaus detaillierter und spezifischer ist.

Wie sieht die Architektur unseres Gehirns aus? Landläufig sprechen wir ja von "einem" Gehirn. Dem ist nicht so. Das, was man im normalen Sprachgebrauch als "das Gehirn" bezeichnet, setzt sich aus einer Vielzahl von unterschiedlichen "Spezialeinheiten" zusammen, die sich mehr oder weniger genau lokalisieren lassen. Einige dieser Teams scheinen ihren festen Platz im Gehirn zu haben, während andere wie z.B. das Gedächtnis ein "Patchwork-Muster" über weite Gehirnareale zu bilden scheinen.

Wer bin ich? Und wenn ja, wie viele?

Das menschliche Gehirn läßt sich mit einem mehrstöckigen Gebäude vergleichen, in dem diese unterschiedlichen Spezialisten ihre Arbeit tun. Je weiter man im Gehirngebäude nach oben kommt, desto differenzierter werden die Aufgaben, die dort verarbeitet werden.

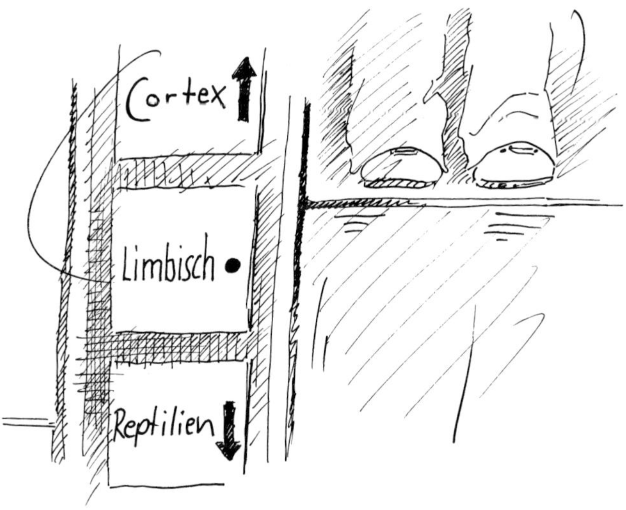

Im Erdgeschoß sitzt das Reptil

Im Erdgeschoß finden wir ein Gehirnteil, das dem Gehirn eines Krokodils oder einer Schlange gleicht. Es wird deshalb auch **Reptiliengehirn** genannt.

Es regelt so grundsätzliche Dinge wie die Atmung und die Frequenz des Herzschlags, steuert unseren Blutdruck sowie die Wärmeregulation. Reflexeinheiten in diesem Gehirn sorgen dafür, daß wir husten, wenn uns eine Fischgräte im Hals stecken bleibt. Wenn wir uns den Finger in der Autotür eingeklemmt haben, sorgen Einheiten im Reptiliengehirn dafür, daß wir den Schmerz auch zu spüren bekommen.

Kurzum: Dieses Gehirnteil ist für die Selbst- und Arterhaltung zuständig. Es ist quasi permanent in höchster Alarmbereitschaft, um unser elementares Überleben zu sichern. Die Aufgaben dieses Gehirnteils laufen unbewußt ab, entziehen sich also der bewußten Kontrolle, was übrigens im Krisenfall wertvolle Sekunden spart.

Stellen Sie sich bitte vor, Sie würden Ihre Hand auf eine rotglühende Herdplatte legen. Ehe Sie bewußt begriffen haben, was da passiert ist, haben Sie Ihre Hand schon weggezogen. Dieses Problem hat "das Reptil" in Sekundenbruchteilen für Sie gelöst. Falls Sie diese Krisensituation versucht hätten mit "Denken" zu meistern, hätten Sie aller Wahrscheinlichkeit nichts mehr gehabt, was Sie hätten wegziehen können.

Merke:
Das Reptiliengehirn ist vorrangig für die Art- und Selbsterhaltung zuständig. Jede Gefährdung von Basisbedürfnissen (Schlafentzug, Schmerz, große Kälte, extreme Hitze u.ä.) gilt als Bedrohung des ganzen Systems und löst eine Panikreaktion aus (Streß!). Diese Reaktion können wir (normalerweise) nicht bewußt kontrollieren.

mens sana in bacardi soda

Mit anderen Worten: Je weniger die Basisbedürfnisse des Reptiliengehirns befriedigt sind, desto mehr Energie wird oben dem Denkhirn abgezogen, weil das Reptiliengehirn diese Energie zur Wiederherstellung der inneren Sicherheit benötigt.

Für eine reibungslose Denkarbeit ist es also unbedingt nötig, daß die Bedürfnisse Ihres Reptiliengehirns befriedigt sind. Sorgen Sie also für eine optimale Raumtemperatur, gute Sauerstoffversorgung, niedrigen Lärmpegel und vor allen Dingen körperliche Fitness und gesunde Ernährung. Falls Sie diesbezüglich etwas für Ihr "Oberstübchen" tun wollen, hier ein Tip:

Verpassen Sie Ihrem Gehirn regelmäßig eine **Sauerstoffdusche** durch Laufen, Fahrradfahren oder Schwimmen. Wichtig dabei ist, daß Ihre Bewegung im aeroben Bereich bleibt. Bewegen Sie sich also nur so schnell, daß Sie sich dabei noch unterhalten könnten. Das Ganze mindestens 15 Minuten lang (und zwar täglich - am besten gleich morgens aus dem Bett in die Laufschuhe fallen). Bevor man zu sich und auf irgendwelche Ausreden kommt, warum man heute ausgerechnet nicht laufen kann, hat man bereits die Hälfte hinter sich.

Das Limbische System - Du mit Deinen Gefühlen...

Lassen Sie uns einen Stock höher in unserem Denkgebäude steigen - in das sogenannte **Limbische System**. Es sitzt physisch zwischen Reptilienhirn und dem intelligenten Großhirn. Hier werden unsere Gefühle gesteuert, hier wird Ärger und Freude "gemacht", Lust und Unlust produziert. Dieses Gehirnteil ist deshalb so interessant, weil es einen heißen Draht zu unserem Großhirn pflegt. Auf diesem Wege kann das Limbische System relativ leicht mit seiner emotionalen Energie das rationale Denken negativ beeinflussen.

Wenn man sich z.B. während einer Verhandlung von einem Gesprächspartner zu stark ärgern läßt, wird das ganze Denken fortan von diesem negativen Gefühl "eingefärbt". Ab diesem Ärgernis scheint man viel eher die negativen Aspekte der Besprechung bzw. der Teilnehmer wahrzunehmen als die positiven. Man hat sich durch das Ärgernis die berühmte "Schwarze Brille" aufgesetzt.

Die "Schwarze Brille" läßt uns subjektiv wieder nur die negativen Seiten wahrnehmen, was das negative Gefühl noch verstärkt. Das Ganze wird zu einem Teufelskreislauf (den man allerdings meist schon dadurch unterbrechen kann, daß man sich bewußt macht, was da vorgeht).

Umgekehrt funktioniert es natürlich genauso. Wenn ich über beide Ohren verliebt bin und mir dadurch die "Rosarote Brille" aufsetze, werde ich eher die positiven Seiten meiner Umgebung wahrnehmen.

"Wenn Jack verliebt ist, kann er Jills Schönheit nicht beurteilen." (Eine Lebensregel des großen Al Juodikis)

Vernünftig denken kann man in keinem der beiden Fälle.

Merke:
Achten Sie bei jeder "Kopfarbeit" auf ein mittleres Aktivierungs-Potential. Gefühle, die zu weit im positiven (Freude, Euphorie) oder zu weit im negativen Bereich (Ärger, Frust) liegen, beeinflussen die Arbeit Ihres intelligenten Großhirns.

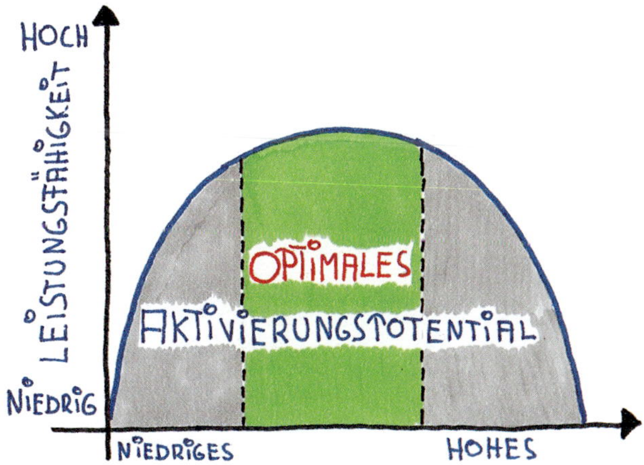

Optimales Aktivierungspotential

Das Großhirn - die Chefetage im Gehirn

Nun kommen wir - noch eine Treppe höher - in die Chefetage unseres Gehirns - das **Großhirn** oder **Cortex**.

Das Großhirn macht ungefähr 80% der gesamten Hirnmasse aus und zwar auf engstem Raum. Wie ein Seidentuch in einer Streichholzschachtel hat die Evolution eine maximale Oberfläche auf minimalen Raum untergebracht.

Im Großhirn finden all jene Prozesse statt, die den Menschen erst zum Menschen machen: Hier oben werden Ideen geboren und Pläne geschmiedet. Hier wird Sprache und Gedächtnis "gemacht". Hier sitzen Logik und Kreativität.

Und solange in den "unteren" Gehirnetagen (Reptilienhirn und limbisches System) alles in Ordnung ist, klappt auch das Denken hier oben recht gut.

Das Hemisphären-Modell

Das wirklich Erstaunliche an unserem Großhirn ist, daß es doppelt angelegt ist. Ähnlich dem Inneren einer Walnuß ist auch unser Großhirn in zwei Hälften (**Hemisphären**) geteilt, die durch einen bleistiftdicken Nervenstrang, das sogenannte **Corpus Callosum**, miteinander verbunden sind. Da sich die Großhirnhälften auf den ersten Blick sehr ähnlich sehen, sah man lange Zeit keinen Anlaß dafür, den beiden Hemisphären unterschiedliche Funktionen zuzuschreiben.

Erst zu Beginn der 60er Jahre unseres Jahrhunderts verhalf ein Forscherteam am California Institute of Technology der Theorie von zwei spezialisierten Hemisphären zu einem Durchbruch.

Der Experimental-Psychologe Dr. Roger Sperry und sein Team arbeiteten mit besonderen Fällen von Epileptikern, den sogenannten "Split-Brain"-Patienten. Bereits in den 40er Jahren hatte man festgestellt, daß man die teilweise tödlich verlaufenden epileptischen Anfälle dadurch wesentlich dämpfen konnte, daß man bei diesen Patienten den Corpus Callosum, der die beiden Großhirnhälften verbindet, operativ durchtrennte.

"Von entscheidender Bedeutung in der Frage der Gehirnhemisphären ist nicht ihre Trennung, sondern ihre Einheit - ihr Zusammenwirken. Der Corpus callosum ist ein vielbenutzter Zweiwegkanal. Die Informationen jeder Seite sind für das Ganze von gleichem Interesse - wie die Töne in den Lautsprechern einer Stereoanlage. Balance ist das Schlüsselwort. Das Schlagzeug muß soweit gedrosselt werden, daß es die Streicher nicht übertönt."
(Denise McCluggage in The Centered Skier)

"Nasreddin unterhielt sich bei hereinbrechender Dunkelheit mit einem Freund. "Zünde eine Kerze an", sagte der Mann, "es ist schon dunkel. Gleich zu deiner Linken liegt eine." "Du Narr", sagte der Mullah, "wie soll ich im Dunkeln rechts von links unterscheiden?" (Idries Shah)

Merkwürdigerweise zeigten diese Patienten nach dem Eingriff keinerlei offensichtliche Verhaltensänderungen.

Wenn aber das Durchtrennen eines solch massiven Nervenstrangs keinerlei Einfluß auf das Verhalten zeigte - wozu war der Nervenstrang dann überhaupt gut?

Dieser Frage versuchten Dr. Sperry und sein Team mit einer Reihe von subtilen Tests auf die Spur zu kommen. Die Testergebnisse waren revolutionär, brachten Dr. Sperry 1991 den Nobelpreis ein und veränderten maßgeblich das Verständnis über das menschliche Gehirn.

Er wies nach, was einige Wissenschaftler seit Jahrhunderten vermuteten: Die beiden Hemisphären des menschlichen Gehirns weisen zwei unterschiedliche Arten des Denkens auf.

Unsere linke Hemisphäre ist für die Sprache zuständig. Sie analysiert Dinge und geht dabei sequentiell vor. Dabei möchte sie sich immer nur auf eine Sache gleichzeitig konzentrieren. Sie ist eine Spezialistin für kausale Ursache-Wirkungs-Beziehungen und beschäftigt sich gerne mit Details. Sie liebt Zahlen und Ordnung.

Können Sie sich noch an die TV-Serie "Raumschiff Enterprise" erinnern und an Mr. Spock, den Vulkanier? Wissen Sie noch, wie Mr. Spock brillant analysieren und schlußfolgern konnte? Dann haben Sie einen recht guten Eindruck davon, wie es sein könnte, überwiegend im Modus der linken Hirnhälfte zu denken.

Der Denk-Modus unserer rechten Hemisphäre ist dagegen im wahrsten Sinne des Wortes "sprachlos". Sie denkt in Bildern, liebt Analogien und Vergleiche (*"...also das ist so, als wenn du barfuß über nasses Gras gehst..."*). Sie handelt intuitiv und spontan und kümmert sich wenig um Regeln und Gesetzmäßigkeiten. Unsere rechte Hemisphäre ist darauf aus, den Wald vor lauter Bäumen zu sehen, d.h. sie will den Überblick bewahren. Sie ist stets am großen Ganzen interessiert und weniger an den Details.

Es gibt einen Zeichentrickfilm der Beatles mit dem Titel "Yellow Submarine". Dieser Film ist ein gutes Beispiel dafür, was die rechte Hemisphäre Schöpferisches zu leisten vermag. Er ist phantasievoll, farbenfroh, künstlerisch, kurios und hat ein offenes Ende. Oder kennen Sie den Film von Stanley Kubrick "2001-Odyssee im Weltraum"? Er ist aus dem Stoff gemacht, den unsere rechte Hemisphäre liebt: Visionen und Science Fiction.

Merke:
Beide Großhirnhälften sind hochkarätige Spezialisten, wenn auch mit sehr unterschiedlichen Präferenzen.

Kapitel I

Metaphorisches Bild der beiden Hemisphären

Gehirndominanzen - die unterschiedliche Ausprägung unserer beiden Hemisphären

Vielleicht können Sie sich noch an diesen recht amüsanten Spielfilm aus den 70er Jahren erinnern. Ich glaube, er hieß "Das Superhirn". Dem Hauptdarsteller - eben dem Superhirn - fiel der Kopf beim angestrengten Überlegen immer auf eine Seite, was für ihn eine außerordentlich lästige Angelegenheit war. Nun verändert sich zwar auch in unseren Köpfen beim Denken eine ganze Menge Hirnchemie, glücklicherweise jedoch nicht das spezifische Gewicht einer Hirnseite.

"Erwachsene lieben Zahlen. Wenn man ihnen erzählt, daß man einen neuen Freund hat, stellen sie nie Fragen über wichtige Dinge. Sie sagen niemals: "Wie klingt seine Stimme? Welche Spiele mag er am liebsten? Sammelt er Schmetterlinge?" (Antoine de Saint Exupéry aus: Der kleine Prinz)

Dennoch eine schöne Metapher für die unterschiedlich starke und individuelle Ausprägung unserer beiden Großhirnhälften. Durch Vererbung, aber zu einem weitaus größeren Teil durch Erziehung und Ausbildung haben wir eine der beiden Gehirnhälften meist besser ausgebildet als die andere. Wir haben **eine Dominanz** entwickelt.

Ähnlich wie wir einen bestimmten Fuß bevorzugen, wenn wir einen Ball treten oder den ersten Schritt auf eine Leiter tun, lernen wir in unserer Kindheit, die Strategien einer bestimmten Hemisphäre bevorzugt zu nutzen.

Und die wiederholte Nutzung einer bestimmten Strategie führt natürlich zu einer besseren Leistung, die wiederum zu einem positiven Feedback (Lob) führt.

Warum sind manche Menschen gleichzeitig so klug und so dumm, so unfähig, gewisse geistige Aktivitäten zu meistern und so unfähig, andere zu bewältigen? Wie kommt es, daß einige der kreativsten Köpfe keine Bilanz verstehen können, während einige Buchhalter kein Gefühl für Produktdesign haben? Warum sind einige brillante Managementwissenschaftler unfähig, Firmenpolitik zu behandeln, während einige der politisch befähigsten Menschen die einfachsten Elemente der Management-Wissenschaft nicht verstehen können?" (Prof. Henry Mintzberg)

Diese Feedback-Spirale von Leistung-Lob-Leistung ließ uns mit der Zeit die Arbeitsweise einer bestimmten Hemisphäre bevorzugen. Andere Strategien wurden dadurch logischerweise weniger genutzt und traten mehr oder weniger in den Hintergrund. Hin und wieder kann die Dominanz eines bestimmten Strategiebündels so stark ausgeprägt sein, daß man andere Strategien schlichtweg ablehnt.

So können wir zum Beispiel gelernt haben, bei unseren alltäglichen Entscheidungen den mehr intuitiven und gefühlsmäßigen Teil auf den Plan zu rufen und ihm die Entscheidung zu überlassen, obwohl vielleicht eine Mitsprache der logischen linken Hälfte durchaus angebracht wäre. Dies quittiert unsere nähere Umwelt dann meist mit spontanen Reaktionen wie: *"Denk doch einmal logisch!"* Natürlich gilt das auch umgekehrt: *"Zeig doch einmal ein wenig Gefühl!"*

Diese Spirale von Leistung-Lob-Leistung funktioniert übrigens nicht nur bei einzelnen Individuen, sondern auch bei ganzen Kulturen. So scheint unsere moderne westliche Kultur (zur Zeit noch?!) eher die Leistungen zu belohnen, die aus der linken Hemisphäre stammen, also die logischen, analytischen und verbalen Leistungen, als jene intuitiven, ganzheitlichen und mehr emotionalen Fähigkeiten der anderen Hemisphäre. Vielleicht ja deshalb, weil der mehr logische und strukturierte Stil der linken Gehirnhälfte den Interessen dieser Gesellschaft weitaus dienlicher zu sein s-c-h-i-e-n, als der mehr intuitive und nonverbale Stil der rechten Gehirnhälfte.

Merke:
Die beiden Spezialisten in unserem Gehirn bilden sich unter dem Einfluß von Erziehung, Ausbildung und kulturellem Umfeld ungleichmäßig stark aus. Man spricht von einer "dominanten" (= herrschend) und einer "sub-dominanten" Hirnhälfte. In den westlichen Industrieländern wird traditionell der Denkstil der linken Gehirnhälfte bevorzugt.

"Wie weckt man in einem Kind die ganze Kraft analytischen Denkens, ohne ihm dadurch sein gesundes Empfinden für den intellektuellen und praktischen Nutzen intuitiven Denkens zu rauben?" (Jerome Bruner in "The Relevance of Education")

Wenn wir nun alle zu zwei unterschiedlichen Arten des Denkens fähig sind und wenn "Otto Normaldenker" durch eine etwas halbhirnige Erziehung und Ausbildung gelernt hat, vorwiegend nur eine (die linke) Gehirnhälfte zu nutzen, dann liegt es doch auf der Hand:

Merke:
Wenn wir Denk- und Arbeitsmethoden entwickeln, die auch die (rechte und kreative) Hemisphäre stimulieren, dann wecken wir zwangsläufig eine Unmenge kreativer Potentiale in uns.

Auch wenn die Gehirnforschung seit Sperry in gewaltigen Schritten vorangeschritten ist und auch, wenn sich das Gehirn nicht in exakte Kategorien aufteilen läßt, so kam das Hemisphären-Modell dennoch einem Blockadebrecher gleich, der mit den festzementierten Vorurteilen der Menschen über sich und ihre Kreativität gehörig aufräumte.

Solange man nämlich glaubte, Kreativität sei in erster Linie "Künstlern und Genies" vorbehalten, blockierte man mit diesem Glaubenssatz das eigene Denken. Und jedesmal, wenn einem

Fähigkeiten schreien danach, benutzt zu werden, und sie hören damit erst auf, wenn sie angemessen eingesetzt werden. (A.H. Maslow)

"Das wichtigste in Erscheinung tretende Thema ist,... daß es zwei Arten des Denkens zu geben scheint, verbales und nichtverbales, die relativ getrennt durch die linke beziehungsweise rechte Hemisphäre repräsentiert werden und daß unser Erziehungssystem, sowie die Wissenschaft im allgemeinen, dazu neigt, die nichtverbale Form des Intellekts zu vernachlässigen. Das bedeutet letztlich, daß die moderne Gesellschaft die rechte Hemisphäre diskriminiert" (Roger Sperry)

dann wieder einmal nichts einfiel, machte man per selbsterfüllender Prophezeiung wahr, was man für wahr hielt.

Merke:
So wurde das Hemisphären-Modell nicht nur eine Art Katalysator für eine neue Einstellung der Menschen zu sich selbst, sondern war auch Wegbereiter für eine Reihe GANZhirniger Arbeits- und Denktechniken, wie sie zum Teil in diesem Buch aufgeführt sind.

Erfolgreiche Ganzhirn-Denker

Wie würden Sie, lieber Leser, den bevorzugten Denkstil z.B. des Naturwissenschaftlers Albert Einstein einschätzen? Eher links-dominant (analytisch, logisch und sequentiell) oder mehr rechts-dominant (intuitiv, gefühlsbezogen und verträumt)? Unumstritten war Herr Einstein ein genialer Physiker, der über ein hohes Abstraktionsvermögen verfügte. Dennoch pflegte er auch ganz bewußt seine mehr rechtshirnigen Hobbys wie das Segeln und das Violinenspiel. Die nachstehende Geschichte (siehe Randspalte S. 40) macht deutlich, wie sehr Einstein auch seiner Intuition und seiner Phantasie vertraute.

"Viele Dinge, die man zählen kann, zählen nicht. Viele Dinge, die man nicht zählen kann, zählen wirklich." (A. Einstein)

Albert Einstein

Kapitel I

An einem schönen Sommertag ging Albert Einstein spazieren. Und als er so vor sich hin träumte und in die Ferne blickte, stellte er sich vor, wie er auf einem Sonnenstrahl an die äußersten Enden unseres Universums ritt. Als ihn schließlich seine Phantasie unlogischerweise auf die Oberfläche der Sonne zurückkehren ließ, wurde ihm plötzlich klar, daß das Universum gekrümmt sein müßte.

Noch ein Beispiel aus der Naturwissenschaft:

Im Jahre 1865 sitzt der deutsche Chemiker Friedrich August Kekulé von Stradonitz in seinem Wohnzimmer vor dem Kaminfeuer und erkannte auf recht unkonventionelle Weise, daß Kohlenstoffatome Ketten und unendliche Ringe bilden können. Die Ringstruktur des Benzols war entdeckt:

"Ich drehte meinen Lehnstuhl dem Feuer zu und döste ein. Im Traum wirbelten wieder die Atome

vor meinen Augen herum, die kleineren Gruppen diesmal bescheiden im Hintergrund. Mein geistiges Auge, durch viele derartige Visionen geschärft, konnte nun größere Strukturen mannigfaltiger Anordnung unterscheiden, lange Reihen, zum Teil eng geschlossen, alle in schlangengleicher Bewegung verschlungen und verflochten. Aber siehe, was war das? Eine der Schlangen hatte ihren eigenen Schwanz erfaßt, ihre Gestalt wirbelte spöttisch vor meinen Augen. Wie vom Blitz getroffen wachte ich auf.... Laßt uns träumen lernen, meine Herren!"

"Wenn die beiden Hälften unseres Gehirns ihre unterschiedlichen Erfahrungen austauschen, ihre Standpunkte und Ansätze ineinanderfließen lassen, kommt eine Synthese zustande, die uns eine Vielfalt neuer Problemlösungsmöglichkeiten erschließt." (Albert Rothenburg)

(Wann haben Sie, lieber Leser, diese Ressource das letzte Mal genutzt und taggeträumt?)

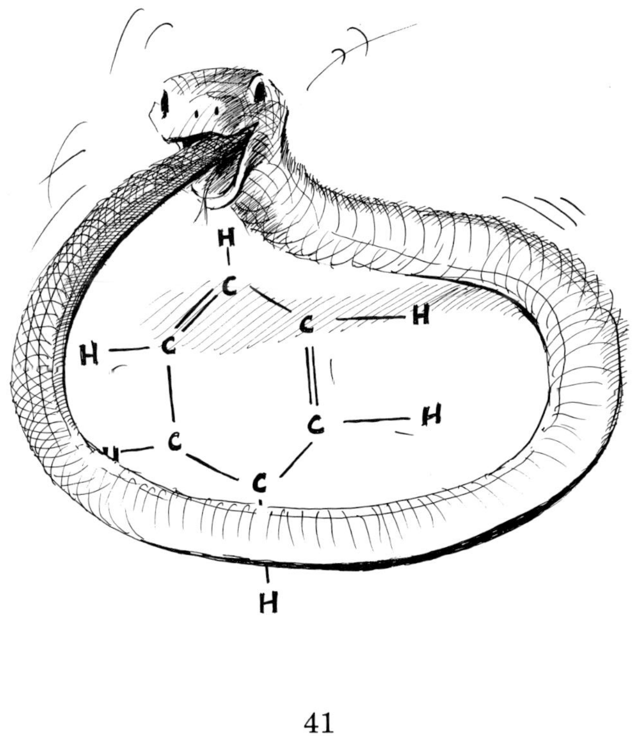

Kapitel I

"Kreativität kann sowohl als die Kunst als auch die Wissenschaft des Denkens und Verhaltens mit Subjektivität und Objektivität definiert werden. Sie ist eine Kombination aus Gefühl und Wissen, aus dem Wechsel zwischen dem, was wir spüren, und dem, was wir bereits wissen.... Die beiden zu kombinieren heißt mehr als beide zu gewinnen: Eine natürliche und bewußtere Ausgewogenheit zwischen Extremen. Diese "kreative" Ganzheit gestattet es uns, uns von oben zu sehen, unseren Weg zu führen und ihm zu folgen, unser Ziel festzulegen und loszugehen: sowohl die Anregung zu planen als auch die Reaktion zu erleben." (N.N.)

Am 2. September 1858 schrieb Michael Faraday an seinen Freund De la Rive:

"Glauben Sie nicht, daß ich ein tiefer Denker oder ein besonders früh entwickeltes Individuum gewesen wäre. Ich war lebhaft und voller Einbildungskraft und glaubte ebenso gerne an Tausend und eine Nacht wie an die Enzyklopädie."

Diese geistigen Größen hatten (mindestens) eines gemeinsam: Sie waren davon überzeugt, daß sich die recht unterschiedlichen Denkstile und Verarbeitungsmodi in unserem Gehirn nicht gegenseitig ausschließen, sondern im Gegenteil in synergetischer Weise ergänzen.

Bewußt oder unbewußt arbeiteten und trainierten sie ihr Gehirn auf möglichst vielfältige Art und Weise. Und das zu einer Zeit, in der die Neuro-Wissenschaften und Psychologie noch in den Kinderschuhen steckten.

Heute besitzen wir bereits ein sehr viel größeres Wissen über das Universum Gehirn. Wir wissen viel mehr über die Denkstile - wie sie arbeiten, was sie mögen oder was sie nicht leiden können. Wir können diese Erkenntnisse für den Alltag nutzen, um leichter und schneller zu denken, zu lernen und zu arbeiten und dabei noch mehr Spaß zu haben.

Lassen Sie uns diese schier unendlich scheinenden Potentiale unseres Gehirns Stück um Stück erschließen und nutzen lernen. Je mehr dieser Potentiale wir entwickeln, um so näher sind wir an einem wirklich synergetischen

Ganzhirn-Denken, um so leichter fällt es uns, auch kritische Situationen aus den unterschiedlichsten Blickwinkeln zu betrachten oder mit anderen Menschen, die ja (meist) andere Denkstile praktizieren, erfolgreicher zu kommunizieren - begonnen mit dem eigenen Partner. Ganzhirn-Management kann, wenn Sie es möchten, weitaus mehr sein, als nur ein paar Synapsen wieder auf Vordermann zu bringen. Ganzhirn-Management ist lebenslanger Lehr- und Lernauftrag an jeden von uns, sich selbst eine Vielzahl unterschiedlicher Denkstrategien zu erschließen und sich damit auf eine immer komplexer werdende Welt einzustellen.

Die Prinzipien von Leonardo da Vinci zur Entwicklung eines Ganzhirn-Denkens:
1. Studiere die Wissenschaft der Künste
2. Studiere die Kunst der Wissenschaft
3. Entwickle Deine Sinne - insbesondere lerne zu sehen!
4. Nimm wahr, daß alles mit allem in Verbindung steht.

Kapitel II

Unsere Notizen

Wie ganzhirnig sind unsere Notizen?

"Ich schreibe, um zu wissen, was ich denke." (Graffito)

In diesem Kapitel erfahren Sie, wie Sie die Erkenntnisse über das Gehirn im Alltag praktisch nutzen können, warum unsere normalen Notizen eine recht "halbhirnige" Angelegenheit sind und welche Konsequenzen dies auf unsere Denk- und Arbeitsqualität hat.

Traditionelle lineare Notizen

Es gibt viele Ansatzmöglichkeiten, Ganzhirn-Management zu betreiben. Am effektivsten ist es, diese Erkenntnisse bei den Tätigkeiten anzuwenden, die relativ häufig vorkommen, da hier erstens der Trainingseffekt am größten ist und zudem auch der größte Nutzen hinsichtlich Zeitersparnis und Spaßzuwachs erzielt wird. Eine Tätigkeit, die wir täglich durchführen, ist **das Schreiben**.

Denken Sie bitte einmal an eine Reihe von Notizen und Aufzeichnungen, die Sie in den letzten Tagen gemacht haben, z.B. an Telefonnotizen oder das Protokoll einer Abteilungsbesprechung, an eine Vorlesungsmitschrift, den

Einkaufszettel, der in Ihrer Küche hängt, oder die Checkliste für den nächsten Skiurlaub usw. usw. Eben an all die Notizen, die Sie den Tag über so gemacht haben.

Welchem Denkstil würden Sie diese Notizen eher zuordnen?

☐ eher dem linksdominanten Denkstil (verbal, linear, Details, Regeln, Ratio)?

☐ eher dem rechtsdominanten Denkstil (nonverbal, ganzheitlich, Übersicht, Farben)?

☐ werden die Denkstile beider Gehirnhälften gleichermaßen angesprochen?

Mit hoher Wahrscheinlichkeit werden auch Sie die Art, wie die meisten von uns Notizen machen, eher dem Stil der linken Hemisphäre zuordnen. Und das ist völlig normal.

So haben wir ja alle gelernt zu schreiben: Wir beginnen oben links in der Ecke, setzen aus Buchstaben Wörter und aus Wörtern Sätze zusammen. Falls die Zeit beim Notieren einmal drängt, begnügen wir uns auch einmal nur mit Satzfragmenten oder Stichwörtern. Dazu benutzen wir meist liniertes oder kariertes Papier und einen blauen oder schwarzen Stift.

Bei all dem fühlt sich die linke Gehirnhälfte wohl. Sie - als Sprachspezialistin - darf sich mit der Formulierung von grammatikalischen Konstrukten beschäftigen, und das Schreiben auf liniertem Papier kommt ihrem Wunsch nach einem linearen und sequentiellen Vorgehen auch sehr nahe.

Aber was ist mit der rechten Hemisphäre? Wo finden ihre Präferenzen Platz in diesen Notizen? Wo tragen wir ihrem Bedürfnis nach Übersicht Rechnung, nach Bildern, nach Rhythmus und nach Intuition? Sie werden feststellen, daß es in unseren linearen Standardnotizen recht wenig Spielraum für den Denkstil unserer rechten Hemisphäre gibt.

Hier einige Beispiele aus dem Alltag, welch unangenehme und zeitraubende Konsequenzen aus einer halb-hirnigen Notiz- und Schreibtechnik entstehen können:

"Mit ihrem starken Schwerpunkt auf Kommunikation und der frühen Schulung der drei R's* diskriminieren unser Erziehungssystem und die moderne Gesellschaft grundsätzlich eine ganze Hirnhälfte. In unserem heutigen Schulsystem ist die der untergeordneten (rechten) Hemisphäre des Gehirns gewidmete Aufmerksamkeit minimal im Vergleich mit dem auf die (linke) Hemisphäre verschwendeten Training." (Roger Sperry) (*Die drei R's: Im Englischen werden Lesen, Schreiben und Rechnen "reading, writing, arithmetic" am Anfang mit einem "R" ausgesprochen, wenn das "a" in "arithmetic", wie es häufig bei Kindern vorkommt, verschluckt wird.)

* Telefonieren Sie viel?

Ist Ihnen schon einmal aufgefallen, wie oft man Telefonnotizen nach dem Telefonat nochmals neu schreibt, weil es während des Telefonates unmöglich schien, das Wortgewitter des Anrufers übersichtlich aufs Papier zu bannen?

* Müssen Sie viel lesen?

Dann kennen Sie sicher das Gefühl, wenn man ein dickes Fachbuch ohne Bilder und Grafiken durcharbeiten muß.

* Besuchen Sie Seminare oder Vorlesungen?

Kennen Sie das frustrierende Gefühl, wenn man versucht, alles Wichtige mitzuschreiben UND gleichzeitig aktiv zuzuhören? Vielleicht ist das ein Grund, weshalb so wenige Menschen später noch einmal in ihre Aufzeichnungen schauen!?

All diese Probleme entstehen, wenn man seine

Notizen halb-hirnig (sprich: linkslastig) angefertigt.

Unser rechtes Hirn wird sauer, weil es nichts zu tun hat, und schlummert irgendwann ein, nach dem Motto: "Aha, mein Mensch versucht wieder "normale" Notizen zu machen. Dazu braucht er mich ja sowieso nicht!"

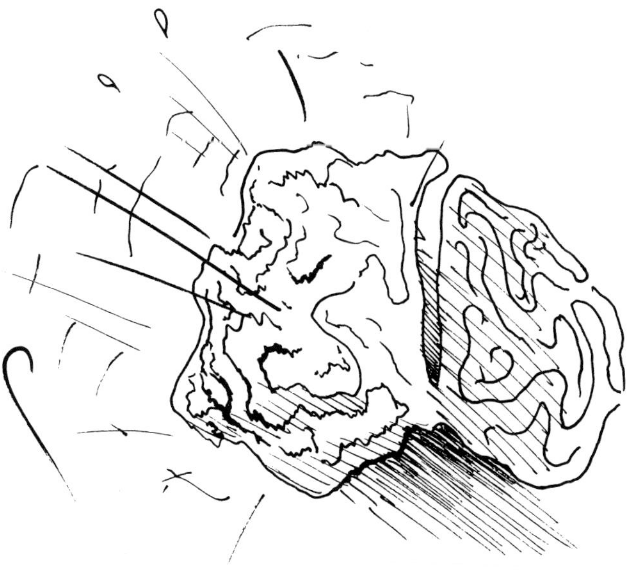

Wer dann so richtig Streß bekommt, ist die linke Hirnhälfte. Das ist doch auch klar! Diese Hemisphäre muß die ganze Sache alleine machen und kommt dabei so richtig ins Schwitzen.

Und wir Gehirnbesitzer wundern uns dann bleistiftkauenderweise, daß uns nichts "Rechtes" einfallen will oder uns der unbändige Wunsch überkommt, lieber einmal den Kühlschrank nach Eßbarem zu durchforsten, als sich noch länger mit der Fachliteratur zu beschäftigen.

Merke:
Unsere "normalen" linearen Standardnotizen sprechen nur den Arbeitsstil der linken Hemisphäre an und lassen damit einen großen Teil unserer geistigen Potentiale völlig ungenutzt "rechts" liegen. So wirken normale Notizen durch ihre lineare Monotonie wie mentale Narkotika, die leider nicht verschreibungspflichtig sind.

Zusammenfassung:
Unsere traditionelle Art, Notizen zu machen, nutzt vorwiegend die Fähigkeiten unserer linken Hemisphäre und läßt ein Großteil unserer geistigen Potentiale unberücksichtigt. Kurzum: Bei den meisten Menschen erzeugt das mono-tone (= ein-farbige) und lineare Einerlei auf dem Papier eine chronische visuelle Langeweile.

Das Resultat: Wir klagen über Konzentrationsschwächen, und unsere Aufmerksamkeit ist überall, aber nicht dort, wo sie eigentlich sein sollte. Damit unser Gehirn jedoch effizient mit Informationen umgehen kann, muß die Information so strukturiert sein, daß sie möglichst gehirngerecht ist, also möglichst viele mentale Ressourcen mit einbezieht.

Ganzhirnige Notizen

Sie lernen, durch welche Wirkprinzipien Ihre Aufzeichnungen ganzhirniger werden.

Sie erfahren, welche Teile Sie in Ihren Notizen weglassen können, ohne daß das Verständnis darunter leidet (**das Schlüsselwort-Konzept**) und welche Strukturen hinzugefügt werden müssen, um die linke Hemisphäre zu entlasten und die rechte Hemisphäre mit einzubeziehen (**Konzept des bildhaften Denkens**).

Das Schlüsselwort-Konzept

Was kann man von den normalen Notizen **weglassen,** um sie gehirngerechter zu machen?

Übung: Wortliste A und B

Nehmen Sie sich eine Minute Zeit, um die Wörter in Liste A auswendig zu lernen. Nach dieser Minute decken Sie die Liste ab und versuchen nun, alle zehn Wörter in der richtigen Reihenfolge aufzuschreiben.

LISTE A: *bunt, entweder, umher, sicher, der, warum, sehr, eine, schicken, zwei.*

Wiederholen Sie nun den gleichen Vorgang mit der folgenden Liste B:

LISTE B: *Affe, Sonnenuntergang, beherzigen, Gitarre, Schienbein, Rose, zerbrechen, Diamant, Ölkanne, Rennwagen*

Nun? Welche der beiden Listen konnten Sie sich besser merken? Mit hoher Wahrscheinlichkeit fiel es auch Ihnen leichter, sich die Wörter aus LISTE B zu merken.

"Doch Worte sind Dinge, und ein kleiner Tropfen Tinte, fallend wie Tau auf einen Gedanken, erzeugt das, was Tausende, vielleicht Millionen denken läßt."
(Byron)

Der Grund hierfür ist, daß die Wörter in der zweiten Liste viel **SINN-trächtiger** und anschaulicher sind. Man kann sie sich besser vorstellen. Das Wort "vorstellen" bedeutet ja"**vor** das geistige Auge hin**stellen**"**.** Und dies geht natürlich mit "*Sonnenuntergang*" weitaus besser als mit dem relativ nichtssagenden Wort "*entweder*". Die Wörter in Liste B machten es Ihnen leicht, dazu jeweils ein inneres Bild zu finden.

Merke:
Wörter lassen sich besser merken, wenn wir sie mit einem Bild verbinden können.

Übung: Texträtsel

Versuchen Sie bitte den Sinn des folgenden Textes zu enträtseln. Ich habe daraus alle Verben und Substantive entfernt. Jeder Strich steht für ein fehlendes Wort.

"Ein chinesischer - hatte seine - zur rechten - in den - - und - keinen -, zum - zu -, um nach dem - der noch zarten - zu schauen. Die - dazu - gut: Er - -, fleißig - und auch die - sicher und fest im - -. Die - -, und die - - lau und mild. Zwei - - ins - - unser - - ungeduldig. Die - schienen ihm nur wenig - zu -. Er - auf ein -, den - zu -. Es - ihm nichts besseres in den -, als an den - täglich ein bißchen zu -. Als er am siebten - aufs - -, was - er -? Die - - welk und entwurzelt im - und er - seine - von vorne -."

Nun, konnten Sie einen Sinn erkennen? Nein?

Ich habe Ihnen hier bereits **63% aller Wörter** (84 Worte) präsentiert. Und dennoch ist es unmöglich, darin einen eindeutigen Sinn zu erkennen.

Schauen Sie sich den Text an, wenn ich die Verben dazugebe und den Text damit auf **80%** vervollständige. Können Sie den Inhalt eindeutig erkennen?

"Ein chinesischer - hatte seine - zur rechten - in den - eingebracht und versäumte keinen -, zum - zu gehen, um nach dem - der noch zarten - zu schauen. Die - dazu waren gut: Er hatte gedüngt, fleißig gewässert und auch die - sicher und fest im - eingedrückt. Die - schien, und die - war lau und mild. Zwei - gingen ins - - unser - wurde ungeduldig. Die - schienen ihm nur wenig gewachsen zu sein. Er sann auf ein -, den - zu beschleunigen. Es kam ihm nichts besseres in den -, als an den - täglich ein bißchen zu ziehen. Als er am siebten Tag aufs - kam, was mußte er sehen? Die - lagen welk und entwurzelt im Wasser und er mußte seine - von vorne beginnen."

Vielleicht haben Sie nun die ersten Vermutungen, um was es sich in diesem Text handeln könnte. Aber eindeutig wird der Text erst mit der Zugabe der Substantive.

Hier übrigens der gesamte Text:

"Ein chinesischer Bauer hatte seine Reispflänzchen zur rechten Zeit in den Boden eingebracht und versäumte keinen Morgen, zum Feld zu gehen, um nach dem Gedeihen der noch

zarten Halme zu schauen. Die Voraussetzungen dazu waren gut: Er hatte gedüngt, fleißig gewässert und auch die Pflanzen sicher und fest im Boden eingedrückt. Die Sonne schien, und die Luft war lau und mild.

"Große Geister fassen mehr in ein Wort, in einen Blick oder Händedruck als gewöhnliche Menschen in langen Unterhaltungen oder in einem höchst sorgfältigen und ausführlichen Briefwechsel." (Johann Lavater)

Zwei Wochen gingen ins Land - unser Bäuerchen wurde ungeduldig. Die Pflanzen schienen ihm nur wenig gewachsen zu sein. Er sann auf ein Mittel, den Trieb zu beschleunigen. Es kam ihm nichts besseres in den Sinn, als an den Halmen täglich ein bißchen zu ziehen. Als er am siebten Tag aufs Feld kam, was mußte er sehen? Die Pflänzchen lagen welk und entwurzelt im Wasser und er mußte seine Arbeit von vorne beginnen."

80% der Wörter in diesem Text hatten keinen direkten Einfluß auf das Verständnis. Wenn wir Notizen auf ähnliche Art und Weise schreiben, d.h. in ganzen Sätzen oder Satzfragmenten, dann verschwenden wir dabei eine Menge Zeit,

1. Wörter zu schreiben, die für das Verständnis der Notizen und das Merken überhaupt keinen Wert haben (ca. 80%),

2. diese Wörter z. B. bei einer Nachbearbeitung immer wieder zu lesen zu müssen und

3. später in den 100% Worten nach den 20% zu suchen, die wirklich aussagekräftig sind.

Merke:
Ein Großteil der Wörter sind zum Verständnis eines Textes nicht notwendig. Dazu reichen relativ wenige sinnträchtige Wörter aus. Die

Hauptsinnträger sind vorrangig aussagekräftige Substantive und Verben. Diese Wörter nennen wir Schlüsselwörter.

Diesen Umstand machen Sie sich jeden Tag unbewußt zunutze. Wenn Sie z.B. in einer Besprechung Ihren Gesprächspartner auffordern: " ...Geben Sie mir doch einmal ein Stichwort!....", dann erwarten Sie von ihm ein Wort, von dessen Hilfe Sie sich Zugang zu einer Erinnerung erhoffen.

Schlüsselwörter sind mehr als nur Stichworte. **Gute Schlüsselwörter oder -phrasen** sind wie ein **Schlüssel zu der Tür Ihres Gedächtnisses**.

Ein Schlüsselwort oder -phrase konzentriert **eindeutige Erinnerungen** in sich, um den gleichen Inhalt auch nach Monaten wieder abrufen zu können.

In der Computertechnologie würde man dies "Datenkompression" nennen. Sie lesen z.B. ein Fachbuch und verschlüsseln jeden für Sie wichtigen Textabschnitt in einem aussagekräftigen Schlüsselwort. Wenn Sie Monate danach das Schlüsselwort wieder lesen, holt Ihr Gehirn den Rest der Information wie an einem Angelhaken wieder aus Ihrem Gedächtnis. Der Vorteil davon ist, daß Sie nicht eine Unmenge von Wörtern schreiben müssen, die keinen Wert für Ihr Gedächtnis haben, sondern sich nur auf ein Minimum an Schlüsselwörtern konzentrieren.

"Sprachkürze gibt Denkweite." (Jean Paul)

Diese Strategie ist nicht so neu, obwohl sie nur von wenigen Menschen bewußt und konsequent angewandt wird. Wenn Sie ein Fachbuch lesen - was streichen Sie mit dem Textmarker an? Genau! Die Kernaussagen. Sie "schälen" mit dem Marker diese Kernaussagen aus dem Text heraus.

"Wörter sind wie Blätter. Dort, wo sie sich im Überfluß ausbreiten, können die Früchte des Sinns nur spärlich gedeihen." (Alexander Pope)

Wenn Sie dann Tage später das Kapitel nochmals überfliegen, bleibt Ihr Auge an den markierten Stellen hängen und assoziiert aufgrund der jeweiligen Kernaussage den Gesamtzusammenhang. Auch diese Strategie macht nur dann Sinn, wenn man nicht allzu großzügig mit dem Marker umgeht. Manche Leser haben wenig Zutrauen zu ihrem Assoziationsvermögen und denken sich: *"Mehr (Anstreichen) hilft mehr!"* Dem ist aber nicht so. Vertrauen Sie Ihrem Assoziationsvermögen! Konzentrieren Sie sich beim Notizen-Machen auf kurze und prägnante Schlüsselwörter oder -phrasen. Wie gut Ihr Assoziationsvermögen funktioniert, können Sie sich mit der folgenden Übung beweisen:

Übung: Assoziationen

Bitte schreiben Sie rechts neben jedes der folgenden 15 Schlüsselbegriffe jeweils drei Wörter, die Ihnen spontan einfallen, wenn Sie den jeweiligen Begriff lesen. Also z.B. lesen Sie "Baby" und Ihnen fallen spontan dazu ein: "Schnuller, Apotheke, 2 Uhr morgens" ein.

Wichtig ist, daß Sie zu jedem der 15 Begriffe genau DREI Begriffe finden.

Computer
Baby
rot
Trompete
Funkuhr

Kohl
Spinne
Taschenrechner
Zelt
Kaktus
Schmutz
Hochwasser
da Vinci
Briefmarke
Telefon.

Wenn Sie damit fertig sind, legen Sie das Buch beiseite und beschäftigen Sie sich eine Weile mit etwas anderem, ohne an die Liste zu denken. Lassen Sie mindestens eine Stunde vergehen, bis Sie diese Liste wieder zur Hand nehmen. Decken Sie die vorgegebenen Begriffe so ab, daß Sie nur Ihre assoziierten Begriffe sehen können und versuchen Sie, sich nun an möglichst viele der Ursprungsbegriffe zu erinnern. Sie werden erstaunt sein, wie viele der Ursprungswörter Ihnen über Ihre Schlüsselwörter wieder einfallen.

Zusammenfassung:

Wir schreiben viel zu **viele unnötige Wörter**. Dies **kostet Zeit** und hat keinen Wert für das Gedächtnis.

"Dem Verständigen ist ein Wort genug." (Titus Plautus)

Konzentrieren Sie sich bei Ihren Notizen auf die 20 % sinnträchtige Schlüsselwörter und -phrasen. Dies sind in erster Linie Substantive und Verben. Diese Wortart ermöglicht unserem Gehirn leicht einprägsame Bilder zu generieren. Das digitale verbale Schlüsselwort und das dazugehörende analoge Bild stimulieren beide

Hirnhemisphären und gewährleisten so ein sicheres Abspeichern.

Das Konzept des bildhaften Denkens

"Try to be precise and you are bound to be metaphorical. Versuche, genau zu sprechen und Du bist gezwungen, bildlich zu sprechen." (Gilbert Murray)

Mit dem "Schlüsselwort"-Konzept sind Sie in der Lage, 100% einer Information (z.B. ein Text oder eine Rede) auf wenige wirklich aussagekräftige Schlüsselwörter zu komprimieren. Die nächste Frage ist nun, wie man diese Reihe von Schlüsselwörtern gehirn-gerecht auf dem Papier anordnet, d.h. schnell, platzsparend und alltagstauglich.

Übung: Die Familiengeschichte

Lesen Sie bitte folgende Geschichte einmal sorgfältig durch. Beantworten Sie dann die Frage, die unter dieser Geschichte steht, ohne nochmals die Geschichte zu lesen.

Einst nahm Siegfried Schneider die Schwester seines besten Freundes Oskar, Liselotte zu seiner Frau. Schon bald darauf gebar sie ihm drei Söhne - Samuel, Siegbert und Siggi, und auch eine Tochter kam zur Welt - Sabine.

Der älteste Sohn von Siegfried Schneider, Siegbert, heiratete Manuela, die jüngste Tochter eines reichen Goldschmiedes namens Müller.

Noch im gleichen Jahr kamen Tom und Michael auf die Welt. Siggi Schneider heiratete erst im Alter von 50 Jahren die Kaufmannstochter Elke aus dem Nachbardorf. Im gleichen Jahr verlobten sich Michael Miller mit Nancy Norman, da ihre erste Tochter Mary unterwegs war.

FRAGE:

Wie sind Michael und Siegbert Schneider miteinander verwandt?

Nun - wie leicht ist Ihnen die Antwort gefallen? Oder haben Sie die Geschichte der Familie nochmals lesen müssen? Dies ist wahrlich kein Wunder - es IST schwer, aus diesem Tohuwabohu von Namen herauszuknobeln, wie die beiden miteinander verwandt sind - und zudem hat solch "halbhirniges Digitalgeschwafel" eine äußerst stimulierende Wirkung auf die Unlust-Zentren unseres Gehirns, nicht wahr?

Eine Familiengeschichte in Fließtext zu beschreiben scheint weder besonders nützlich zu sein, um schnell Verwandtschaftsgrade daraus zu erkennen, noch scheinen sich unsere Denkmuskeln an solch einer Aufgabe besonders zu erfreuen.

Jeder von uns kennt jene Form, die wir seit Jahrhunderten wählen, wenn es darum geht, viele Generationen einer weit verzweigten Familie möglichst übersichtlich darzustellen - den Stammbaum.

Auf dem Stammbaum der Familie (siehe S. 59) läßt sich ohne Mühe erkennen, daß Michael der Schwager von Siegbert ist, da er mit dessen Schwester Sabine verheiratet ist.

Was genau macht es uns so leicht, die oben gestellte Frage mit Hilfe eines Stammbaumes zu erkennen?

1. Der Stammbaum enthält nur die notwendigsten Wörter. Er ist frei von unnötigem Wortbal-

last, der zur Beantwortung der Frage sowieso nichts beiträgt.

2. Der Stammbaum ist durch seine bildhafte Gestaltung viel übersichtlicher. Man muß sich nicht durch einen Bandwurm von Satzgebilden kämpfen, sondern erfaßt die wesentlichen Informationen auf den ersten Blick.

3. Die innere Informationsstruktur (wer ist mit wem verwandt?) wird durch die grafischen Verbindungen (=Äste) sofort ersichtlich.

Ein wesentlicher Teil der Information wird also an das Bild des Baumes "delegiert". Es fällt weitaus leichter, den Ästen und Zweigen des Stammbaumes zu folgen, als die komplizierten (und langweiligen) Satzgebilde zu entwirren. Die Konsequenzen daraus sind:

1. Wir können die so gehirngerecht aufbereitete Information schnell erfassen und leicht verstehen.

2. Wir sparen Zeit und Energie, da unsere Aufmerksamkeit nicht auf "Nebenschauplätzen" beschäftigt ist, die zur Lösung der Frage nichts beitragen, wie z.B. dem Aufdröseln und Verstehen komplizierter Satzstrukturen.

3. Wir können die Information leichter abspeichern.

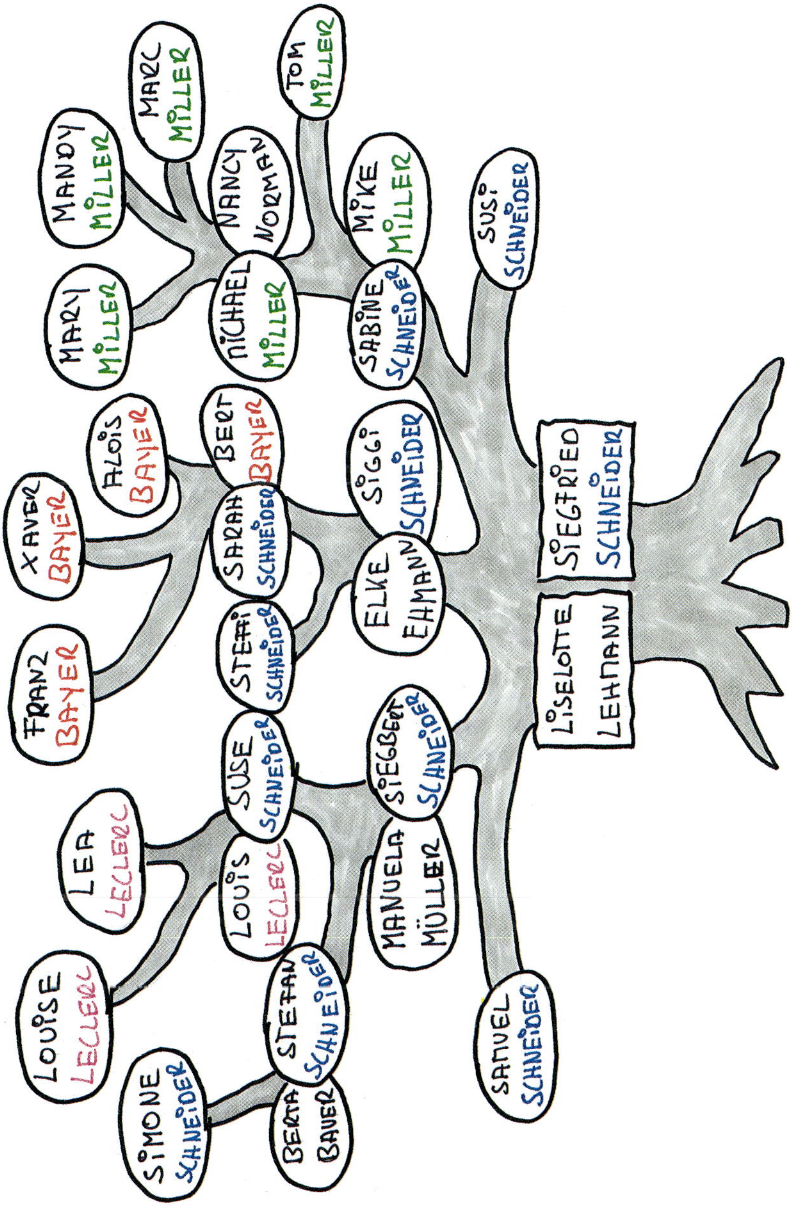
SIEGFRIED SCHNEIDER
LISELOTTE LEHMANN
SUSI SCHNEIDER
SABINE SCHNEIDER
MIKE MILLER
TOM MILLER
NANCY NORMAN
MICHAEL MILLER
MARC MILLER
MANDY MILLER
MARY MILLER
SIGGI SCHNEIDER
BERT BAYER
SARAH SCHNEIDER
ALOIS BAYER
XAVER BAYER
ELKE EHMANN
STEFFI SCHNEIDER
FRANZ BAYER
SIEGBERT SCHNEIDER
SUSE SCHNEIDER
LEA LECLERC
MANUELA MÜLLER
LOUIS LECLERC
LOUISE LECLERC
STEFAN SCHNEIDER
SIMONE SCHNEIDER
BERTA BAUER
SAMUEL SCHNEIDER

"Die Seele denkt nie ohne ein Bild."
(Aristoteles)

Merke:

Das Wirkprinzip für leichte Informationsaufnahme heißt: Reduziere die Information auf das absolut Wesentliche (=Schlüsselworte) und stelle die logischen Verbindungen zwischen diesen Informationen durch bildhafte Strukturen dar!

Dieses sinnvolle und eigentlich so selbstverständliche Prinzip machen wir uns jeden Tag zunutze, z.B. in Form einer **Landkarte**, die ebenfalls nur ein Minimum an verbaler Information enthält (Orts- und Straßennamen). Der Rest der notwendigen Daten wird durch grafische Strukturen (Farben, Linien, Schraffuren usw.) dargestellt.

Auch die **Werbung** arbeitet sehr erfolgreich mit diesem Prinzip, und selbst die Medien wissen längst, wie man Information ganzhirnig anbietet. Vergleichen Sie nur einmal die Aufmachung der beiden Nachrichtenmagazine “Spiegel” und “Focus” und Sie wissen, was ich meine. Oder stellen Sie sich doch einmal vor, eine neue Gesetzgebung würde verlangen, daß alle VerkehrsZEICHEN über Nacht durch ausformulierte VerkehrsWORTE ersetzt werden müßten. Das sähe dann etwa so aus:

Die Folgen wären sicher ein größeres Verkehrschaos, da wir an jeder Kreuzung erst einmal eine Pause zur Lektüre dieser VerkehrsWORTE einlegen müßten.

Merke:

Komplexe Informationen (Verwandtschaftsverhältnisse, Verkehrsregeln) lassen sich mit Hilfe von bildhaften Strukturen (Stammbaum und Verkehrszeichen) schneller wahrnehmen und leichter verstehen.

Und genau nach diesem erfolgreichen und alltagstauglichen Prinzip arbeiten auch die DenkZeichen-Techniken, die ich Ihnen in diesem Buch vorstelle. Genaugenommen liegen beiden Techniken Erkenntnisse zugrunde, die wir jeden Tag erfolgreich nutzen, ohne lange darüber nachzudenken.

Zusammenfassung:

Alle DenkZeichen-Techniken - wie z.B. Mind Mapping oder Clustering - basieren auf den Erkenntnissen der Hemisphärenforschung.

Durch eine Reduktion des Textes auf nur wenige, aber aussagekräftige Schlüsselwörter sind DenkZeichnungen sehr schnell erstellt und wirken äußerst übersichtlich. Die Sinnzusammenhänge werden, ähnlich wie bei einem Stammbaum, an eine grafische Struktur delegiert. Dies entlastet die linke sprachliche Hemisphäre und fördert die rechte bildhafte Hemisphäre.

DenkZeichnungen....

... trainieren beide Gehirnhälften
... entlasten die linke Gehirnhälfte
... fördern die rechte Gehirnhälfte
... schaffen Überblick
... sparen eine Menge Zeit
... fördern kreative Ideen
... erhöhen die Konzentration
... und machen Spaß.

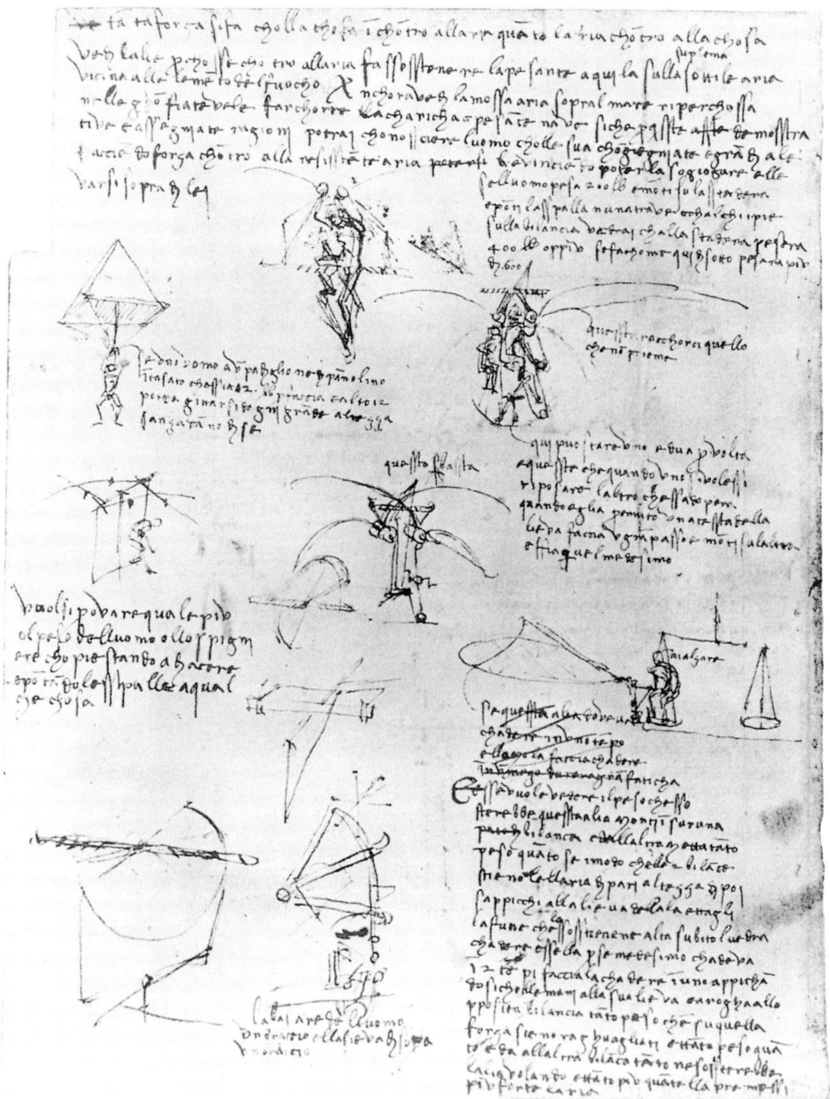

Ganzhirnige Handskizzen von Leonardo da Vinci

Kapitel III

Eine Beschreibung der einzelnen DenkZeichen-Techniken

Im folgenden Kapitel lernen Sie zwei DenkZeichen-Methoden im Detail kennen. Das *Clustering* der Amerikanerin Gabriele L. Rico und das noch bekanntere *Mind Mapping* des englischen Pädagogen Tony Buzan.

Beide Techniken basieren auf den gleichen Grundlagen (Hemisphärenmodell) und funktionieren nach ähnlichen Wirkprinzipien. Dennoch gibt es eine Reihe Unterschiede zwischen *Mind Mapping* und *Clustering*.

Ich empfehle Ihnen: Schauen Sie sich beide Techniken in Ruhe an, und experimentieren Sie eine Weile damit. Sie werden schnell bemerken, daß es für jede der beiden Techniken bevorzugte Anwendungsgebiete gibt. Und über kurz oder lang werden Sie Ihre ganz persönliche und individuelle Art des DenkZeichnens entwickeln.

Viele Menschen, die ein Map oder ein Cluster das erste Mal sehen, verfallen dem Glauben, "daß diese willkürlichen Striche oder Kreise doch schnell gemacht sind!", und wundern sich dann, daß der erhoffte Erfolg ausbleibt. Natürlich kann ich einem Klavier auch Töne entlocken, ohne daß ich Noten lesen kann oder Akkorde beherrsche. Die Frage ist, ob mir dabei jemand lange zuhört.

Die folgenden Regeln haben den Sinn, Ihnen das richtige Erlernen der Techniken zu erleichtern und die Erhaltung der Wirkprinzipien zu garantieren.

Zunächst noch eine Vereinbarung zum Terminus technicus: Wenn ich im folgenden Text von einem "Map" oder mehreren "Maps" spreche, so dient dies als Platzhalter sowohl für ein "Cluster" als auch für ein "Mind Map", d.h. in dem jeweils genannten Fall sind beide Techniken denkbar.

Welches Equipment ist sinnvoll?

Ganz gleich, ob Sie nur mit Bleistift und Papier arbeiten, ein ganzes Sortiment von ausgesuchten Farbstiften benutzen oder lieber mit dem PC arbeiten: Erlaubt ist, was nützlich ist und Ihnen gefällt.

Ich habe tolle Maps gesehen, die mit Tusche und Schablone gemacht wurden und andere, die mit Farbstiften oder sogar Aquarellfarben gemalt wurden. Hier spielt sicher die Anwendung und natürlich Ihr persönlicher Geschmack eine große Rolle.

Folgendes hat sich in der Praxis recht gut bewährt:

1. Benutzen Sie zum Mappen immer Blanko-Papier, d.h. Papier ohne Kästchen und Linien.

Kariertes oder liniertes Papier stört den natürlichen Zeichenfluß und lenkt dadurch vom eigentlichen Thema ab. Blanko-Papier hingegen öffnet neue Freiheitsgrade und verhindert so, daß man beginnt, “in Kästchen zu denken”.

2. Je größer das Papierformat ist, desto besser. Ich arbeite vorwiegend mit DIN A3 und DIN A4.

Mit kleineren Papierformaten kommt man zu schnell an die Grenzen des Blattes.

Nutzen Sie Blanko-Papier im Querformat

3. Drehen Sie dieses Blanko-Papier um 90 Grad.

Bei bedingten Reflexen stellt unser Nervensystem einen kausalen Zusammenhang zwischen einem Reiz aus der Umwelt und einer Reaktion unseres Organismus nur aufgrund der Tatsache her, daß beide (Reiz und Reaktion) des öfteren zusammen auftraten.

Be-zeichnen Sie es also im Querformat. Maps dehnen sich mehr in die Breite aus als in die Höhe. Zudem hat dieses ver-rückte Papierformat einen recht nützlichen Nebeneffekt, nämlich den eines *bedingten (=erlernten) Reflexes*.

Ein bedingter Reflex - was ist das? Wem ist es noch nicht so ergangen? Man fährt im Auto und sieht plötzlich im Rückspiegel ein Polizeiauto mit Blaulicht näher kommen (visueller Reiz). Unwillkürlich fährt man langsamer, oder? Obwohl man zuvor auch nicht zu schnell fuhr, überkommt einen beim Anblick der Gesetzeshüter doch ein etwas seltsames Gefühl (Reaktion). Unser Nervensystem stellt hier eine Ursache-Wirkung-Beziehung her, wo gar keine reale Beziehung ist. Auf unbewußter Ebene läuft dieser Prozeß jeden Tag viele dutzend Male in unserem Nervensystem ab.

Es ist möglich, jeden äußeren Reiz (visuell, auditiv oder kinästhetisch) an jedes Körpergefühl zu koppeln (ankern).

Man kann dieses Reiz-Reaktions-Muster jedoch auch bewußt nutzen. Wenn Sie z.B. jedesmal, wenn Sie eine außergewöhnlich gute Idee haben, diese Idee mit einem Stift notieren, den Sie ausschließlich für diese Heureka-Momente benutzen, dann koppeln Sie binnen kurzer Zeit dieses schöpferische Gefühl an diesen Stift. Ihr Nervensystem “glaubt” jetzt, daß es eine tatsächliche Ursache-Wirkung-Beziehung zwischen dem Stift und dem schöpferischen Gefühl gibt.

Jedesmal, wenn Sie in Zukunft diesen ganz besonderen Stift in die Hand nehmen, wird Ihr

Nervensystem versuchen, das dazugehörende Gefühl in Ihnen zu produzieren.

Der gleiche Effekt gilt für das Blanko-Papier im Querformat, falls Sie es ausschließlich für Ihre Maps benutzen. Innerhalb kurzer Zeit hat Ihr Gehirn dieses Papierformat (äußerer Reiz) mit dem inneren Zustand gekoppelt, der für das gehirngerechte Arbeiten typisch ist.

Die Folge: Jedesmal, wenn Sie ein Blanko-Papier im Querformat vor sich legen, wird Ihr Gehirn innerlich jubilieren, denn es weiß dann: *"Aha, jetzt will mein Gehirnbesitzer mappen, da gibt's für beide (Hirn-)Hälften was zu tun."*

Tip:
Hier noch ein Tip, wie Sie den bedingten Reflex im Alltag anwenden können. Besorgen Sie sich einen der angenehmen Duftstoffe aus der Aromatherapie, die es heute in alternativen Läden zu kaufen gibt, und ankern diesen Duft mit einer besonderen Stimmung. Wenn Sie sich z.B. wieder einmal in einer ganz besonderen Schaffenslust befinden (kreativ, euphorisch, ideenreich u.ä.), verbreiten Sie genau diesen Duft in Ihrem Büro. Tun Sie das drei- oder viermal. Ihr Nervensystem hat dann per bedingtem Reflex gelernt, Ihre Schaffenslust exakt mit diesem Duft zu koppeln. Sollten Sie dann später wieder einmal Lust und/oder Bedarf auf genau diese Stimmung haben, dann verbreiten Sie einfach wieder dieses Aroma in Ihrem Büro und sehen, was passiert ... (Achten Sie darauf, daß es sich um hochspezifische Düfte handelt, die Sie nicht jeden Tag in die Nase bekommen. Ansonsten kann

Gerüche und Düfte wirken als äußere Reize besonders intensiv, da diese Informationen quasi ungefiltert direkt ins Limbische System weitergeleitet werden und dort mit Emotionen gekoppelt werden. Von Friedrich Schiller erzählt man sich, er habe zur Stimulierung seiner geistigen Schaffenskraft einen Apfel auf die heiße Herdplatte gelegt, da ihn dieser Geruch besonders inspiriert hätte.

Ihr Nervensystem keine eindeutige Beziehung zwischen dem Reiz (= Duft) und der gewünschten Reaktion (= Schaffenslust) herstellen.

4. Die (Farb-)Stifte

Über 90% aller gebildeten Menschen schreiben ausschließlich mit blauen oder schwarzen Stiften. Warum nutzen wir eigentlich nicht mehr Farben?

In vielen anderen Bereichen unseres Arbeitslebens haben sich Farben doch als außerordentlich nützlich erwiesen: Mit verschiedenfarbigen Rückenschildern schaffen wir Ordnung in unseren Akten, auch die Post-it Klebezettelchen würden wohl ihre weit sichtbare Signalwirkung verlieren, wenn sie nicht gelb wären.

Unterschiedliche Farben in Ihren DenkZeichnungen...

... schaffen mehr **Ordnung** und **Übersicht**.

So können Sie zum Beispiel jede Astgruppe in einer anderen Farbe zeichnen bzw. Zweige unterschiedlicher Äste, die jedoch logisch zusammengehören, mit einer Farbe markieren.

... regen Ihre **Kreativität** an.

Wenn Sie am Finden neuer Ideen sind, und der Gedankenfluß stockt plötzlich, öffnen Sie mit einem Farbwechsel meist neue Denkkanäle.

... machen **Spaß** und Ihre Maps zu kleinen und einzigartigen Kunstwerken.

Auch wenn Sie keine künstlerischen Ambitionen haben, sollte Sie das letzte Argument interessieren. Mit Farbe wird jedes Ihrer Maps EINZIG-artig, und dies hilft Ihnen, später einmal ein bestimmtes Map schnell wieder zu finden. Versuchen Sie dies einmal mit einem Stapel handgeschriebener Manuskriptseiten?!

Mit welchen Farben und Stiften Sie arbeiten, ist völlig gleich. Investieren Sie aber lieber etwas mehr und achten Sie darauf, daß es Qualitätsfarben sind.

Als Grundausstattung hat sich u.a. bewährt:

1. ein oder zwei schwarze Fine-Liner, z.B. Stabilo sensor 0,3 zum Schreiben der Schlüsselworte,

2. vier bis fünf Filzstifte (rot, blau, grün, gelb, lila, orange) (z.B. edding 1200) zum Zeichnen der Äste oder eventuell auch zum Schreiben der Schlüsselworte,

3. zwei Textmarker (neon-gelb und pink) zum Markieren und Abstreichen wichtiger Stellen.

Und noch ein "farbiger" Geheimtip:

Lassen Sie sich im Bürofachhandel einmal die sogenannten COPIC-Marker zeigen. Das sind spezielle Markerstifte für Grafiker. Es gibt sie in 214 (!!!) verschiedenen Farben. Sie sind zwar nicht ganz billig (ca. DM 10.-/Stift), dafür aber nachfüllbar. Damit können Sie fast schon "zaubern".

5. Aufbewahrung der Maps.

Da ich selbst keine Löcher in meinem Maps mag, verwende ich zur Aufbewahrung Prospekthüllen, die es auch im DIN A3 Format gibt. Eine günstigere Alternative, die zudem den Vorteil bietet, alle Maps beisammen zu haben: Lassen Sie sich im nächsten Copy-Shop 80 bis 100 Blankoblätter mit einer Ringspirale zusammenbinden. Hinten ein Karton und vorne eine Klarsichthülle miteingebunden und fertig ist Ihr ganz persönliches Map-Buch. Als Papier habe ich mir dazu das sogenannte "120 Gramm Bücherschreibpapier" ausgesucht. Auf dessen Oberfläche gleiten Faserstifte besonders gut. Und das etwas dickere Papier verhindert, daß die Farbe von Filzstiften auf die nächste Seite "durchschlägt".

Das "Clustering" von Gabriele L. Rico

"Allzu oft blockieren wir uns selbst, weil wir glauben, wir müßten von vornherein wissen, womit wir anfangen, was wir sagen und wie wir es ausdrücken wollen. Wenn wir feststellen, daß uns dies nicht gelingt, werden wir unsicher und versuchen entweder, noch angestrengter ein Konzept zu entwickeln - oder wir brechen resigniert ab."

Es war zu Beginn der 70er Jahre in den USA, als eine deutschstämmige Lehrerin namens Gabriele L. Rico sich Gedanken machte, warum so wenige ihrer Schüler wirklich gute Aufsätze schrieben. Sie gingen zaghaft, unmotiviert, ja meist sogar mit einem ausgesprochenen Widerwillen daran, eigene Gedanken und Ideen in Aufsätze zu fassen.

Mrs. Rico begann, nach den Ursachen für diese "Schreibmüdigkeit" zu suchen. Einige Zeit später stieß sie während ihrer Doktorarbeit in Stanford zufällig auf den Zeitungsartikel eines Neurochirurgen namens Joseph E. Bogen. Bogen arbeitete im Team von Dr. Roger Sperry und war maßgeblich an der Grundlagenforschung über das Hemisphären-Modell beteiligt.

In jenem Zeitungsartikel beschrieb Bogen die Zusammenhänge, die zwischen den unterschiedlichen Funktionsweisen der beiden Gehirnhälften und der Kreativität bestehen. Mrs. Rico war sofort begeistert. Hier erhielt sie endlich eine Erklärung dafür, weshalb so viele ihrer damaligen Schüler Probleme mit dem kreativen Schreiben hatten.

Offenbar hatte man es im Unterricht schlichtweg versäumt, die besonderen Eigenschaften der rechten Hemisphäre in den komplexen Schreibprozeß mit einzubeziehen. Die gesamte Lehrmethodik des Aufsatzschreibens schien auf die linke Hemisphäre abgestimmt zu sein. Angeregt durch diesen Artikel forschte Mrs. Rico weiter.

"Jedes Wort bildet ein Sturmzentrum von Bedeutungen, Klängen und Assoziationen, das immer weiter ausstrahlt, wie Wellenkreise auf einem Teich." (Northrop Frye, Bibelgelehrter)

In einem Buch des Psychiaters Anton Ehrenzweig fand sie eine landkartenähnliche Skizze, in der Ehrenzweig die komplexen Vorgänge darzustellen versuchte, die in unserem Gehirn während der schöpferischen Ideensuche vor sich gehen. Während sie noch darüber nachdachte, wie sie solch einen Suchprozeß auf dem Papier darstellen könnte, stieß sie auf ein Verfahren, das sie CLUSTERING (dtsch. Büschel, Traube, Gruppe, Haufen) nannte.

“Beim Betrachten von Ehrenzweigs Schemazeichnung schrieb ich das erste Wort, das mir in den Sinn kam, in die Mitte eines leeren Blattes, zog einen Kreis darum - und fügte, wie elektrisiert durch die Gedankenverbindungen, die sich in meinem Kopf um diesen Mittelpunkt herum sammelten und in alle Richtungen aus-

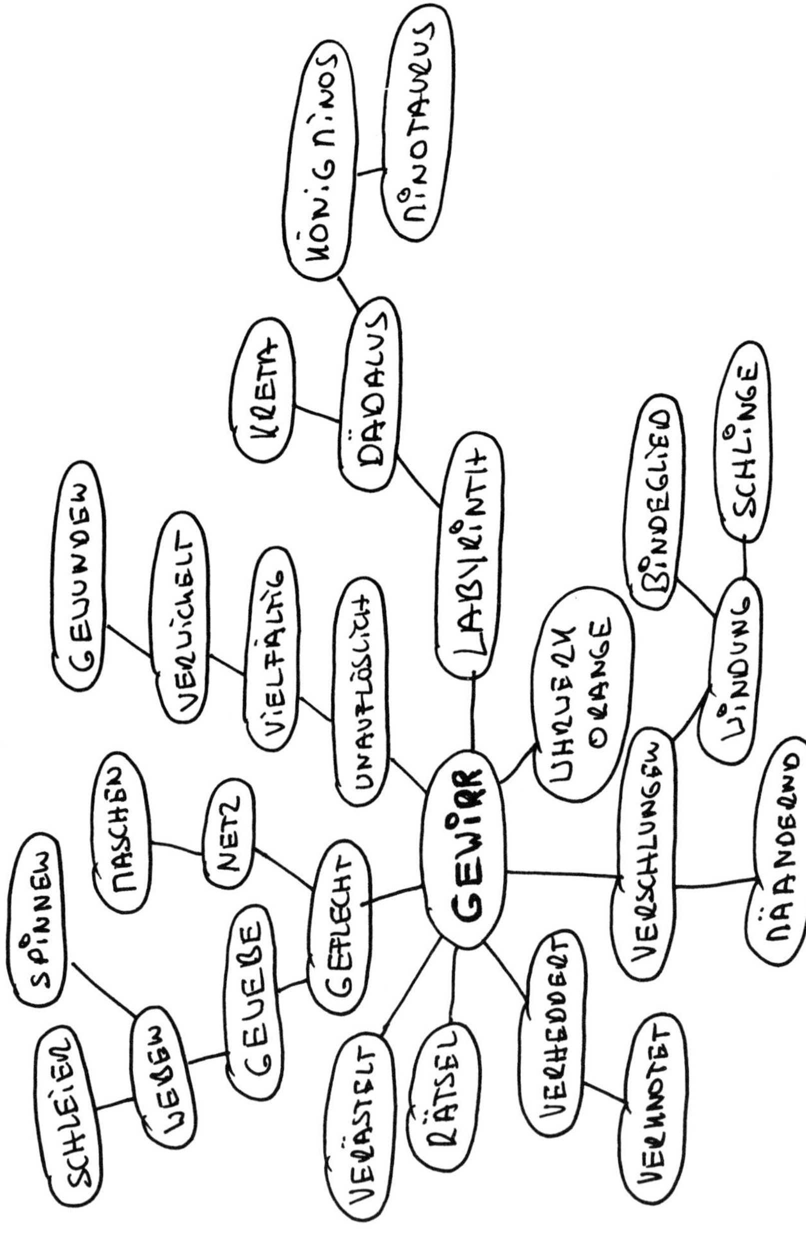
GEWIRR
GEFLECHT
NETZ
MASCHEN
GEWEBE
WEBEN
SPINNEN
SCHLEIER
VERÄSTELT
RÄTSEL
VERHEDDERT
VERKNOTET
VERSCHLUNGEN
MÄANDERND
WINDUNG
BINDEGLIED
SCHLINGE
UHRWERK ORANGE
LABYRINTH
DÄDALUS
KRETA
KÖNIG MINOS
MINOTAURUS
UNAUFLÖSLICH
VIELFÄLTIG
VERWICKELT
GEWUNDEN

strahlten, immer neue Einfälle, Assoziationen zu diesem Wort hinzu. Während ich noch damit beschäftigt war, mein CLUSTER auszuspinnen, verlagerten sich auf einmal die Gewichte: Das Gefühl, ziellos umherzuschweifen, machte trotz des bunten Durcheinanders einer festen Orientierung Platz, und ich fing an zu schreiben.“

Sind Sie neugierig geworden? Haben Sie Lust, das CLUSTERING gleich einmal auszuprobieren?

Übung: Kreatives Assoziieren

Nehmen Sie ein Blatt Papier und einen Stift. Schreiben Sie in die Mitte des Blattes das Wort “SOMMER”. Kreisen Sie das Wort ein und notieren Sie nun alle Gedanken, Ideen, Gefühle und Assoziationen, die ihnen einfallen, wenn Sie den Begriff “SOMMER” lesen. Halten Sie all diese Gedanken in Form von einem oder zwei Wörtern fest, um die Sie dann wieder einen Kreis ziehen. Verknüpfen Sie die miteinander verwandten Ideen durch Linien. Lassen Sie dieses Ideennetz in alle Richtungen wachsen.

Wichtig ist, daß Sie ganz schnell schreiben und sich keine Gedanken um Ordnung oder Struktur machen. Zeichnen und schreiben Sie, bis Ihnen nichts mehr einfällt oder Sie keine Lust mehr haben. Legen Sie nun das Buch beiseite, nehmen ein Blatt Papier und einen Stift und beginnen Sie - jetzt.

Wie ist es Ihnen denn ergangen? Waren Sie zu Beginn auch etwas skeptisch? Und nun - sind

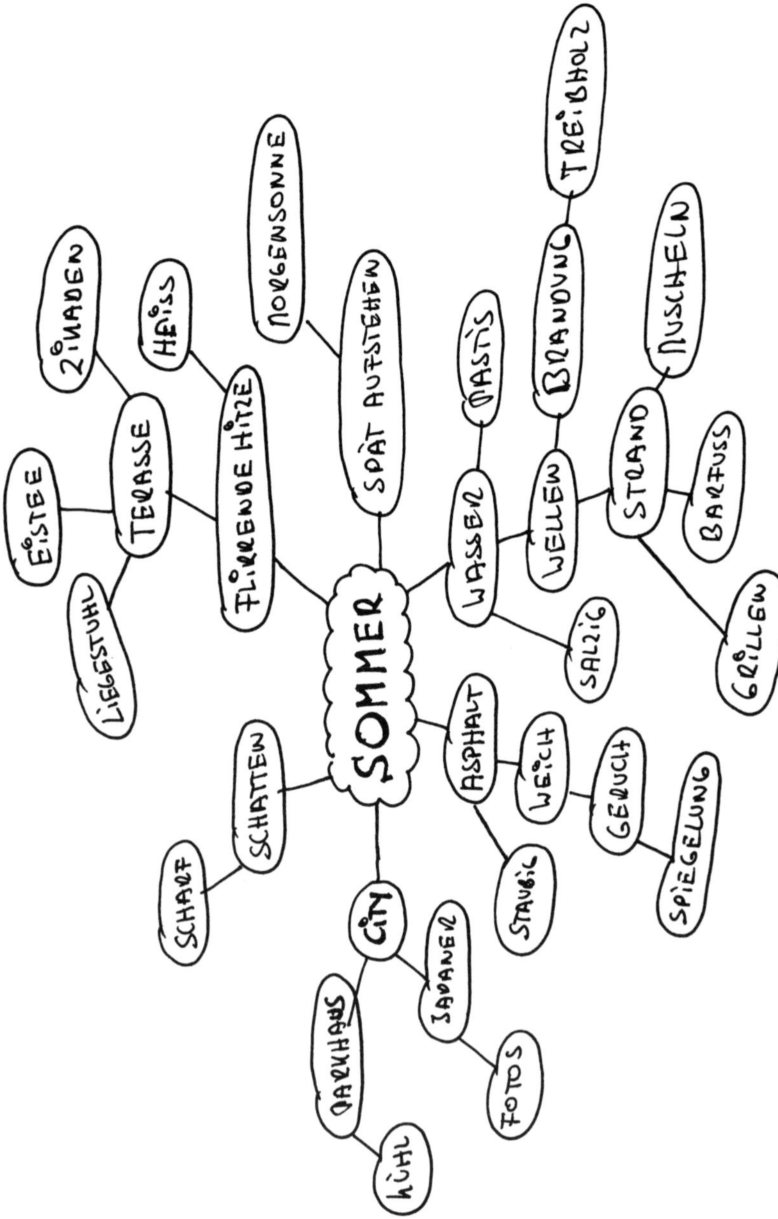
SOMMER
FLIRRENDE HITZE
HEISS
TERASSE
EISTEE
LIEGESTUHL
ZIKADEN
SPÄT AUFSTEHEN
MORGENSONNE
WASSER
PASTIS
WELLEN
BRANDUNG
TREIBHOLZ
STRAND
MUSCHELN
BARFUSS
GRILLEN
SALZIG
ASPHALT
WEICH
GERUCH
SPIEGELUNG
STAUBIG
SCHATTEN
SCHARF
CITY
JAPANER
FOTOS
PARKHAUS
KÜHL

Sie etwas erstaunt, mit wie vielen Ideen Sie bereits nach wenigen Minuten aufwarten konnten? Woran das liegt? Ganz einfach!

Clustering schafft sehr schnell auf spielerische Art und Weise Zugang zu den mehr unbewußten und non-verbalen Ressourcen unserer rechten Hemisphäre.

"Ein Mann ist nicht müßig, weil er in Gedanken versunken ist. Es gibt sichtbare und es gibt unsichtbare Arbeit." (Victor Hugo)

Und da viele Menschen diese Seite ihres mentalen Universums bisher nur recht zufällig genutzt haben, ist es gerade für sie ganz erstaunlich, welche Resultate hier zum Vorschein kommen.

Aber vielleicht haben Sie während dieser Übung auch hin und wieder gezögert, ein Wort in einen Kreis zu schreiben. Vielleicht hörten Sie des öfteren eine innere Stimme in sich: *"Das gehört doch gar nicht zum Thema - Laß das weg!"* oder *"Nein, hör auf. Du kommst ja vom Hundertfachen ins Tausendfache!"*. Oder vielleicht mußten Sie auch immer wieder darüber nachdenken, wie das ganze Cluster wohl am besten zu organisieren sei, ob dieses Wort besser zu diesem oder jenem Clusterbereich paßt, oder ob man einen neuen Bereich öffnen soll usw. usw.

"Schreiben kann nur so gut sein wie das Denken, das ihm vorausgeht. Denken ist nur so gut wie das Schreiben, durch das es erklärt wird." (Gabriele L. Rico)

Dies alles sind Stimmen aus Ihrer linken rationalen Gehirnhälfte, die mit dieser Art des kreativen Schreibens vorab einmal recht wenig anfangen kann.

"Sie" würde viel lieber "anständig" von links oben nach rechts unten schreiben und zwar in "richtigen" ganzen Sätzen und tut dementsprechend ihren Unmut lautstark kund.

"Was uns fehlt, sind nicht Ideen, sondern Verfahren, die uns helfen, mit diesen neuen Ideen in Verbindung zu treten." (Gabriele L. Rico)

Merke:
Während der generativen Phase des Schreibens, in der man möglichst viele Ideen intuitiv produzieren möchte, würde eine zu logische und rationale Kritik und Zensur das feine Gewebe gerade entstehender Ideen sofort im Keim ersticken.

Hier gilt es, das begriffliche und analytische Denken der linken Hemisphäre auszuschalten - was einfacher gesagt ist als getan.

"Ich setze mich nicht an meinen Schreibtisch, um etwas in Verse zu fassen, was ich schon klar im Kopf habe. Wenn es schon klar wäre, gäbe es keinen Anlaß und kein Bedürfnis, darüber zu schreiben ... Wir schreiben nicht, um verstanden zu werden, wir schreiben, um zu verstehen." (C. Day Lewis)

Um es gleich vorweg zu sagen: CLUSTERING bedeutet nicht, aufs Geratewohl Wörter und Kreise aufs Papier zu verteilen. Bei dieser Art **Kurzschrift des bildhaften Denkens** zieht jeder Gedanke mit einer ihm eigenen Logik unaufhaltsam neue Assoziationen nach sich. Dies geschieht, auch wenn unser logisch-analytisches Denken häufig unfähig ist, die Verbindungen zu erkennen.

Übrigens: Die Technik des kreativen Assoziierens ist uns nicht neu. Wir alle bilden in unserem Geist ständig Büschel von Ideen und verknüpfen Gedanken miteinander. Nur - wir haben sie bisher noch nie aufs Papier gebracht.

Und was passierte uns so oft, wenn man versuchte, einen Gedanken oder eine Idee auf traditionelle Weise aufs Papier zu bannen? Sobald man begann, die Idee zu formulieren, war sie meist schon weg. Dies ist kein Wunder!

Und wenn wir dies versucht haben, dann meist in Form von ganzen Sätzen oder Satzfragmenten. Deren grammatikale Struktur rief aber sofort den "linken Zensor" in uns auf den Plan, unter dessen argumentativer Kritik viele Ideen sofort in die Knie gingen.

Die Regeln zum Clustering

Während unsere traditionelle Schreibweise durch ihre Richtung (von links oben nach rechts unten) den Ideen eine Richtung aufzwingt, **beginnen** alle **DenkZeichnungen in der Mitte eines Blattes**.

Sie lassen damit den Gedanken einen maximalen Spielraum von 360 Grad. Wie die auseinanderstrebenden Wellenringe in einem Teich, in den man einen Stein hineingeworfen hat, entfalten sich Cluster stets um einen Mittelpunkt, um einen gedanklichen Focus, nach außen.

Beginnen Sie Ihr Cluster immer in diesem Mittelpunkt. Schreiben Sie **das Thema,** zu dem Sie Ideen suchen oder den Gedanken, über den

Ein berühmter Jazzpianist sagte einmal "First you learn the rules, then you break them!" Zu deutsch: Zunächst lerne die Regeln, dann erst breche sie!

Sie nachdenken möchten, in kurzen prägnanten Schlüsselwörtern **in die Mitte des Blattes** und **ziehen Sie einen Kreis darum**.

Nun lassen Sie sich treiben. Versuchen Sie nicht, sich zu konzentrieren oder Ihre Gedanken in eine bestimmte Richtung zu lenken.

Schreiben Sie den ersten Gedanken, den Sie zu Ihrem Thema haben, aufs Papier, ziehen wieder einen Kreis darum und verbinden den Kreis mit dem Mittelkreis.

Folgen Sie dem Strom Ihrer Gedanken und geistigen Bilder, so wie sie in Ihnen auftauchen. Bewerten und kritisieren Sie nicht, auch wenn Ihnen die Abfolge Ihrer Ideen vorerst nicht logisch erscheint.

Wichtig ist, daß Sie ihre Gedanken **rasch aufschreiben**, jeden in einen eigenen Kreis. Verbinden Sie jeden Kreis mit dem vorherigen durch einen Strich.

Wenn Ihnen etwas gänzlich Neues einfällt, beginnen Sie eine neue Gedankenkette vom Mittelpunkt aus, gehen nach außen, bis auch dieser Assoziationsstrang erschöpft ist.

Sie brauchen nicht auf eine bestimmte Reihenfolge zu achten.

Clustering organisiert sich selbst. Während sich scheinbar wahllos Wörter um diesen Mittelpunkt gruppieren, werden Sie im Strom Ihrer Gedanken Muster und Strukturen erkennen. Konzentrieren Sie sich jedoch nicht darauf, diese zu entdecken.

Wenn die erste Welle Ihrer Ideen verebbt ist und Ihnen vorübergehend nichts mehr einfällt, dann “duseln” Sie ein wenig, d.h. malen Sie die Kreise oder Verbindungslinien etwas dicker oder spielen etwas mit Farben herum.

"Intuition ... Intuition ist etwas, von dem man behaupten kann, man habe es gehabt; nachdem die Sache, von der man erwartet hat, daß sie nicht funktioniert, ein unerwarteter Erfolg ist."
(Ray Alvord)

Diese entspannte Haltung setzt meistens eine neue Welle von Ideen frei. Vielleicht kommt Ihnen dies sehr einfältig, unlogisch und wirr vor.

Vielleicht hören Sie eine innere Stimme, die versucht, Ideen zu bewerten, auszuwählen oder neuen Ideen den Weg zum Cluster zu versperren.

Dies ist Ihr logisches, analytisches und begriffliches Denken, das Ihnen klarmachen will, es sei viel vernünftiger, ganze Sätze hintereinander weg zu schreiben. Lassen Sie sich davon nicht beirren. Diese Stimme wird mit der Zeit leiser, da sie beginnt zu verstehen, daß sie durch das Clustering nicht abgelöst, sondern in idealer Weise ergänzt wird.

Und je leiser diese kritische Stimme in Ihnen wird, desto flüssiger wird Ihr Gedankenstrom. Ein Cluster hat etwas Achtloses, das die Zeit außer Kraft setzt.

Übung: Ideen à la Salvatore Dalí:

Hier noch eine außergewöhnliche Übung, die es sicher wert ist, ausprobiert zu werden. Sie soll in den Grundzügen auf Salvatore Dalí zurückgehen. Ich habe seine Methode mit Clustering verknüpft und dabei bereits einige Male erstaunliche Ergebnisse erzielt:

Salvatore Dalí

Dazu muß man wissen, daß unser Gehirn besonders in der Übergangsphase vom Wachbewußtsein zum Schlaf außergewöhnlich produktiv und kreativ ist.

Wenn Sie wieder einmal über einem Problem grübeln und nicht so recht weiterkommen, probieren Sie einmal folgendes:

Vor dem abendlichen Schlafengehen legen Sie sich einen **Stift** und ein **großes Blatt Papier** (am besten auf einem Klemmbrett) neben das Bett, auf das Sie in einen Mittelkreis bereits das **Thema** Ihrer Gedanken "geclustert" haben - wohlgemerkt - nur einen Kreis und das Thema hinein - mehr nicht.

Nun brauchen Sie noch einen **Schlüsselbund** und einen **größeren Teller**.

Den Teller stellen Sie neben das Bett auf den Boden, und den Schlüsselbund nehmen Sie beim Einschlafen in die Hand und zwar so, daß er auf den Teller fallen muß, wenn Sie ihn loslassen. Dann schlafen Sie ein.

WICHTIG: Sagen Sie sich nicht: "Ich muß jetzt einschlafen!", denn damit erreichen Sie das Gegenteil. Ihr einziges Ziel darf sein, sich zu entspannen (hierzu gibt es mittlerweile eine Reihe guter Entspannungs-Cassetten.) Wenn Sie den Übergang vom Wachsein ins Unterbewußte erreicht haben, entspannen sich Ihre Muskeln, und der Schlüssel fällt auf den Teller. Machen Sie jetzt das Licht an und "clustern" alles, was Ihnen einfällt, auch wenn Sie meinen, es wäre völlig unbedeutend oder habe mit dem Thema

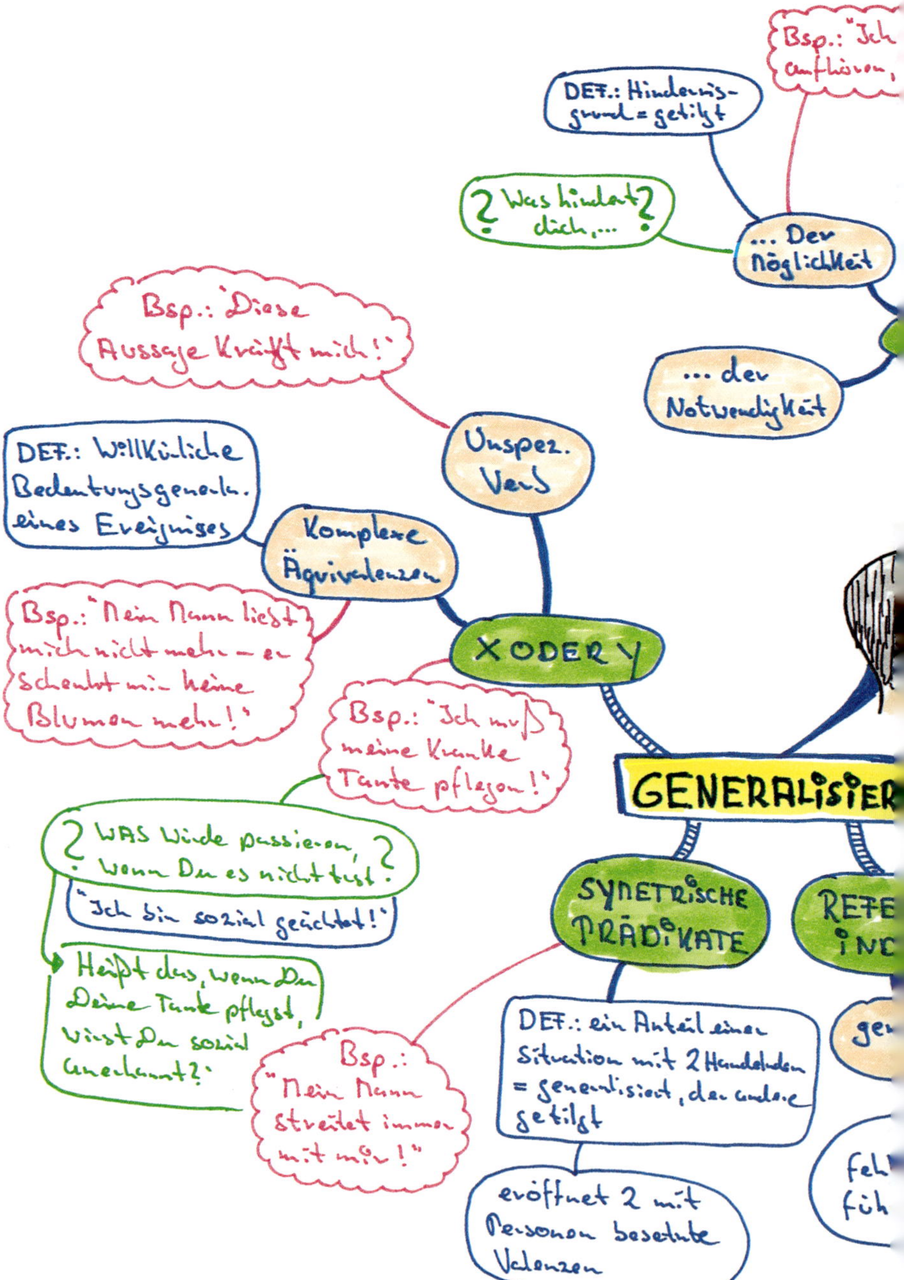

Beispiel eines Clusterings: "Meta-Modell der Sprache"

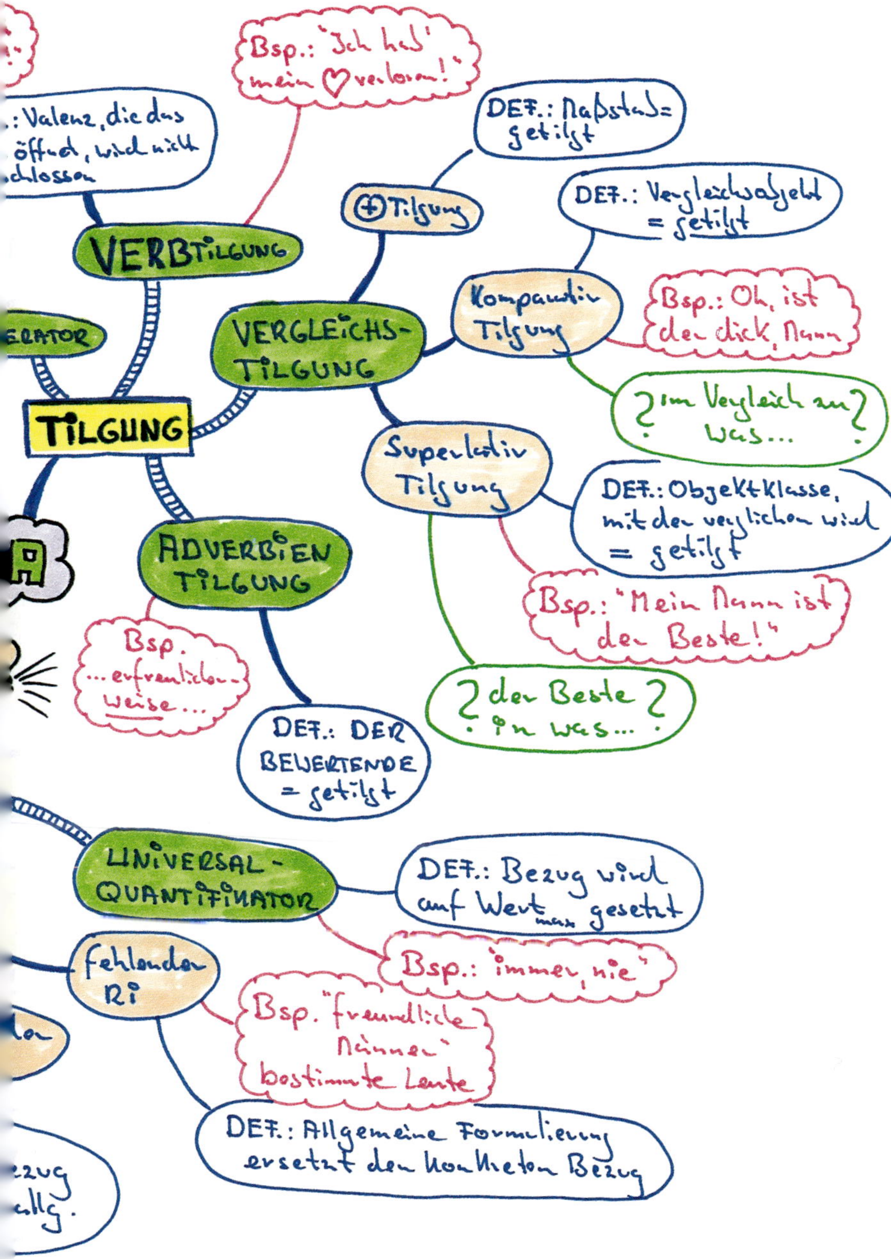

Bsp.: "Ich hab' mein ♡ verloren!"
: Valenz, die das öffnet, wird nicht ...schlossen
DEF.: Maßstab = getilgt
⊕ Tilgung
DEF.: Vergleichsobjekt = getilgt
VERBTILGUNG
Komparativ Tilgung
Bsp.: Oh, ist der dick, Mann
...ERATOR
VERGLEICHS-TILGUNG
? im Vergleich zu was... ?
TILGUNG
Superlativ Tilgung
DEF.: Objektklasse, mit der verglichen wird = getilgt
ADVERBIEN TILGUNG
Bsp.: "Mein Mann ist der Beste!"
Bsp. ...erfreulicher-weise...
? der Beste in was... ?
DEF.: DER BEWERTENDE = getilgt
UNIVERSAL-QUANTIFIKATOR
DEF.: Bezug wird auf Wert max gesetzt
Bsp.: "immer, nie"
fehlender RI
Bsp. "freundliche Männer" bestimmte Leute
DEF.: Allgemeine Formulierung ersetzt den konkreten Bezug
...ezug ...allg.

nichts zu tun. Wichtig ist, daß Sie Ihre Ideen ohne Pause festhalten. Sie werden erstaunt sein, zu welchen Lösungen Sie in dieser höchst kreativen Phase fähig sind.

Zusammenfassung:

Clustering ist eine Art Stenografie unseres bildhaften Denkens, das ganz intuitiv weiß, wohin es will, auch wenn es uns selbst (den Gehirnbesitzern) noch nicht so klar ist. Beim Clustering übernimmt zunächst einmal die rechte Hemisphäre unseres Gehirns die Führung, und die linke Hälfte merkt dann erst etwas später, wohin die Reise ging. Aber eben genau dies läßt uns beim Clustern auf wirklich neue Ideen und Gedanken stoßen. Das Clustering läßt sich demzufolge für alle kreativen Prozesse hervorragend einsetzen. Clustering eignet sich besonders dafür:

- über Dinge, Werte, Ziele, Visionen und Beziehungen nachzudenken
- einen Brief zu schreiben
- außergewöhnliche Ideen zu generieren
- ein Tagebuch zu führen
- Artikel oder Reden vorzubereiten.

Mehr Ideen und Anregungen finden Sie im Anwendungsteil dieses Buches.

Der Vorteil des Clusterings ist, daß diese Technik sehr schnell zu erlernen ist und bereits nach kurzer Zeit zu außergewöhnlichen Ergebnissen führt. Auch optisch wirken Cluster bereits nach wenigen Versuchen sehr ästhetisch, besonders, wenn Sie dazu unterschiedliche Farben benutzen.

Das "Mind Mapping" von Tony Buzan

Ebenfalls durch das Hemisphären-Modell beeinflußt, entwickelte der englische Pädagoge Tony Buzan seine Art des DenkZeichnens - das Mind Mapping.

Obwohl Clustering und Mind Mapping auf die gleichen Grundlagen zurückgehen, existieren doch eine ganze Reihe von Unterschieden, sowohl in der Vorgehensweise als auch in den Ergebnissen.

Vorab scheint das Clustering unreglementierter und spontaner, was diese Technik besonders für die Generierung neuer Ideen prädestiniert.

Mind Maps erscheinen geordneter und strukturierter, ja irgendwie übersichtlicher. Dies mag ein Vorteil sein, macht das Mind Mapping für den Anfänger jedoch auch ein wenig schwieriger. Mit dem Clustering sind schneller Erfolgserlebnisse einzuheimsen. Durch das recht homogene Erscheinungsbild wirken bereits die ersten Cluster optisch recht attraktiv.

Da stellt das Mind Mapping etwas höhere Ansprüche an uns DenkZeichner. Mr. Buzan hat seine Maps in eine Reihe von recht sinnvollen Regeln gepackt. Hat man diese ersten Hürden jedoch einmal genommen, eröffnet das Mind Mapping eine Fülle weiterer Möglichkeiten, um einen ganz persönlichen DenkZeichen-Stil zu entwickeln. Beide Techniken stehen nicht im Wettbewerb zueinander. Sie ergänzen sich, und jede hat ihr vorrangiges Einsatzgebiet.

"Das Leben ist wie Musik - sie muß mit dem Ohr, Gefühl und Instinkt komponiert werden, nicht nach Regeln. Trotzdem sollte man besser die Regeln kennen, denn in Zweifelsfällen können sie manchmal Führer sein, aber nicht oft."
(Samuel Butler)

Die Regeln zum Mind Mapping

Wie bereits für das Clustering gilt auch hier: **Benutzen Sie Blanko-Papier.** Liniertes oder kariertes Papier schränkt den natürlichen Fluß der Ideen unnötig ein und führt zum "Kästchen-Denken". **Bemappen Sie das Papier im Querformat.** Mind Maps breiten sich eher horizontal als vertikal aus. Zudem kennen Sie ja bereits den Trick mit dem bedingten Reflex.

Beginnen Sie mit Ihrem Map immer in der Mitte. Damit focussieren Sie Ihre Gedanken auf das Hauptthema und bleiben bei der Sache. Ihre Ideen haben dann Platz, sich in alle Richtungen auszubreiten. Ein wichtiger Punkt, um dem starren, linearen Denken zu entkommen.

Optimal ist es, wenn Sie das Thema Ihres Maps **als Bild** zeichnen. Ein Bild sagt mehr als 1.000 Worte und läßt Sie somit auf weitaus mehr Ideen kommen, z.B. bei einem persönlichen Brainstorming. Ein Bild fesselt Ihre Aufmerksamkeit weitaus mehr als nur ein Wort.

Sollte Ihnen beim besten Willen kein passendes Bild einfallen, um Ihr Thema gut darzustellen, machen Sie das **Wort zum Bild.** Finden Sie ein, höchstens zwei prägnante Worte, die Ihr Thema auf den Punkt bringen. "Zeichnen" Sie nun diese Worte entweder 3-dimensional, mit einem Schattenwurf oder mit Farbe möglichst plastisch in die Mitte des Blattes. Ach, übrigens: Zeichnen Sie den Mittelpunkt nicht zu groß. Sie haben sonst keinen Platz mehr für die Äste.

Zu Anfang glaubte ich, der Hauptvorteil der Mind Maps sei die gesparte Zeit. Um mir dies selbst zu beweisen, zeichnete ich meine ersten Maps extrem schnell. Das Resultat war ein unsauberes Gekritzel. Weder konnte ich meine eigene Schrift lesen, noch fand ich mich in dem Wirrwarr zurecht. Nehmen Sie sich für Ihre ersten Maps wirklich Zeit. Mind Maps haben etwas von der Präzision eines elektronischen Schaltplans.

Von Ihren Maps sollte eine Art Faszination ausgehen, die später immer wieder Ihre Augen auf das Map ziehen. **Zeichnen und schreiben Sie so präzise und sauber wie möglich**. Denken Sie daran: Unsaubere Maps stimulieren die Unlustareale in Ihrem Gehirn.

Hierzu einige Tips für saubere Maps:

Schreiben Sie in Ihren Maps in großen DRUCKBUCHSTABEN. Druckbuchstaben haben klarere Umrisse als Schreibschrift und können dadurch schneller von Ihrem fotografischen Gedächtnis abgespeichert werden. Bei Druckbuchstaben besteht eine geringere Gefahr, unleserlich zu schreiben. Sie werden überrascht sein, wie schnell Sie nach kurzer Zeit in Druckbuchstaben schreiben können.

Heugabel oder Fischgräten?

Es gibt verschiedene Arten, die Äste eines Mind Maps zu zeichnen. Beim Fischgräten-Modell werden die einzelnen Äste als Geraden gezeichnet. Das sieht zwar auf den ersten Blick ordentlich aus, hat aber einen entscheidenden Nachteil: Die Schlüsselworte einiger Äste stehen in einem ungünstigen Lesewinkel, z.B. senkrecht, wenn nicht gar auf dem Kopf.

Mit einem kleinen Kunstgriff vermeiden Sie dies und behalten die Übersicht:

Achten Sie darauf, **nur die Hauptäste als Gerade** zu zeichnen. Arbeiten Sie in den Astebenen darunter mit **gekrümmten Ästen** (Heugabel-Modell). Mit etwas Geschick bleibt die Schrift auf dem Großteil der Äste dann meist in der Sehachse.

Zurück zum Heugabel-Modell:

Ich zeichne zuerst den Ast und schreibe dann das Schlüsselwort darauf. Erstens macht sich diese Reihenfolge positiv auf die Optik des Mind Maps bemerkbar und zweitens läßt mir das Zeichnen des Astes Zeit für die Suche eines optimalen Schlüsselwortes.

Schreiben Sie das Schlüsselwort AUF den Ast.

Achten Sie darauf, die Schlüsselwörter DIREKT auf die Äste zu schreiben. Ast und dazugehörendes Schlüsselwort können so leichter als optische Einheit ins fotografische Gedächtnis gespeichert werden. Zuviel Abstand zwischen Wort und Ast zerstört die Einheit zwischen Ast und Schlüsselwort und erschwert damit das Abspeichern ins Gedächtnis.

Zeichnen Sie den Ast genauso lang wie das Schlüsselwort.

Achten Sie darauf, den Ast möglichst nur so lang zu machen wie das Schlüsselwort, das Sie beabsichtigen auf den Ast zu schreiben. Durch den gesparten Platz bekommen Sie mehr Informationen auf ein Blatt Papier (da die Abstände

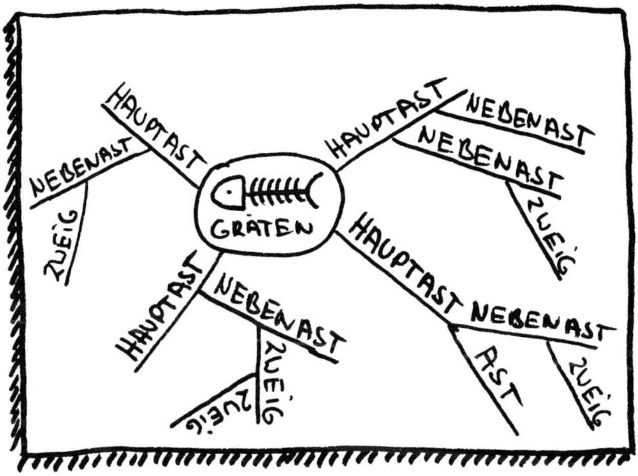

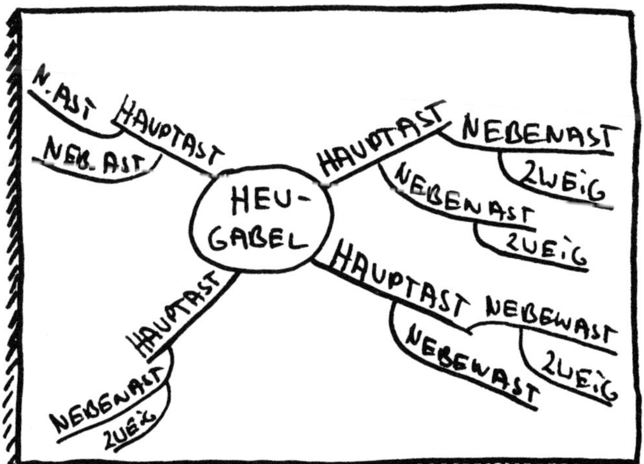

Das Fischgräten- und das Heugabel-Modell

der Äste zueinander kleiner wird). Ihr Gehirn versucht beides - Schlüsselwort und Ast - als optische Einheit in Ihrem fotografischen Gedächtnis abzulegen. Falls dann aber auf einem ultralangen Ast ein sehr kurzes Schlüsselwort steht, bringt das Ihre Assoziationen durcheinander, da beides - Ast und Wort - einfach nicht zusammenpassen.

Schreiben Sie möglichst nur wenige Worte pro Ast.

Versuchen Sie mit möglichst wenigen Worten pro Ast auszukommen. Dies macht Ihre Mind Maps übersichtlicher und prägnanter. Buzans Regel, nur mit einem Wort auszukommen, scheint im Deutschen manchmal recht unrealistisch zu sein. Das mag einerseits an der englischen Sprache liegen, die es leichter macht, einen Gedanken mit EINEM Wort auszudrücken. Zum Beispiel umfaßt der englische Webster nahezu 600.000 Wörter, ein deutsches Wörterbuch ca. 300.000 Wörter.

Verbinden Sie die Äste miteinander.

Gerade ungeübte Mind Mapper verzichten manchmal in der Eile darauf, die einzelnen Äste miteinander zu verbinden. Die Verbindungen werden dann nur angedeutet. Die Verknüpfung der Äste dokumentiert die innere Verbindung der Informationen. Ein sauberes Auszeichnen erleichtert Ihnen später, diese Verbindung der einzelnen Gedanken wieder herzustellen.

Betonen Sie die hierarchische Ordnung in den Mind Maps.

Bisher haben wir uns bei dem Zeichnen der Äste auf einfache Geraden oder Kurven beschränkt. Zugegeben, dies geht sehr schnell. Es gibt jedoch noch eine Reihe von Möglichkeiten, um Ihre Mind Maps übersichtlicher zu machen.

Wenn Sie sich einmal einen Baum aus der Vogelperspektive vorstellen, dann sind die Äste nahe am Stamm die tragenden Äste und deshalb dicker. Nach außen hin werden die Zweiglein immer dünner und graziler.

Ähnlich ist es auch bei vielen Mind Maps: Direkt am Mittelpunkt schließen sich die "tragenden Ideen" an (engl. B.O.I. *Basic ordering idea*). Nach außen wird das Ideengeflecht immer feiner und feiner.

Betonen Sie diesen Aufbau:

1. Zeichnen Sie die tragenden Äste dicker und organischer als die Zweige mit weniger wichtigen Ideen. Je nach Gusto gibt es eine Menge Möglichkeiten, die Ästen zu "verdicken".

2. Betonen Sie diese Hierarchie der Ideen, indem Sie auch die Schlüsselworte auf den dicken Ästen etwas größer schreiben als die Worte auf den kleineren Zweiglein.

Merke:
Schlüsselwortgröße und Astdicke sollen auf einen Blick Aufschluß über die relative Wichtigkeit des Astes und seines Schlüsselwortes geben. Übrigens: Falls Sie ganz außen an Ihrem Mind

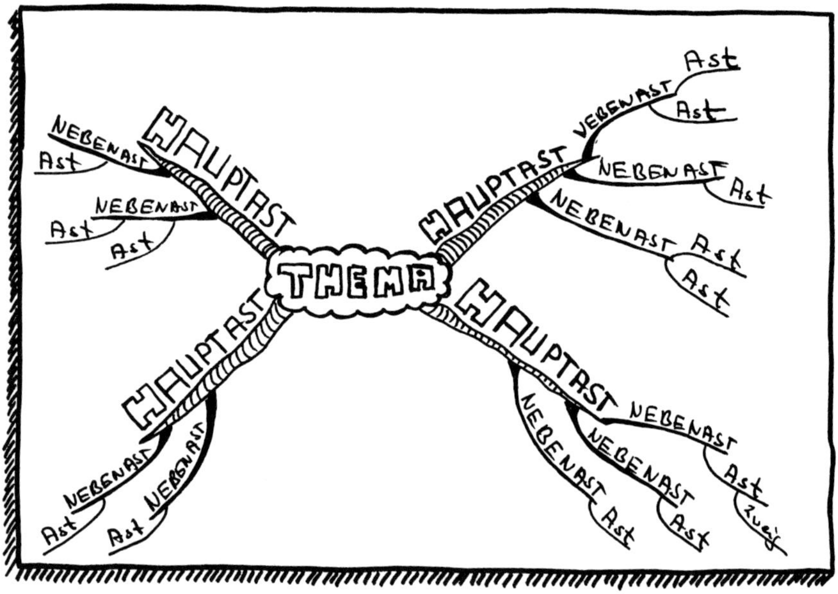

Die hierarchische Struktur der Äste und Schlüsselworte

Map einmal eine wirklich wichtige Idee einfügen möchten, können Sie dies mit einem (wieder) dicken Ast eindeutig kenntlich machen.

Chronologische Maps.

Hin und wieder ist es notwendig, eine Reihenfolge der Äste festzulegen, z.B. wenn Ihnen ein Mind Map als Redemanuskript oder als Besprechungsvorbereitung dient.

Da ein Mind Map ja eigentlich keinen Anfang und kein Ende hat, legen Sie sich am besten per Konvention einen Startast und eine Richtung fest. Ich z.B. beginne mit dem 13.00 Uhr-Ast und gehe im Uhrzeigersinn weiter zum 14.00 Uhr-Ast usw.

Grafiken und Bilder - Tuning für Ihre DenkZeichnungen

Je ausgewogener der Anteil zwischen digitaler (Wörter) und analoger Information (Bilder) ist, desto müheloser gleitet das Wissen in das Gedächtnis und desto leichter läßt es sich später wieder abrufen.

"Wie kann man die Wahrheit durch Denken ergründen? So wie man es lernt, ein Gesicht besser zu sehen, indem man es zeichnet." (Ludwig Wittgenstein)

Im Gegensatz zu der traditionellen linearen Schreibweise (nur Wörter) bieten Clusters und Mind Maps unserer rechten Hemisphäre da schon gehörig mehr. Dennoch können Sie noch einen Gang zulegen, wenn es darum geht, Ihre DenkZeichnungen noch gehirngerechter zu machen.

Bereichern Sie Ihre Maps mit Bildern und Grafiken, wo immer es sich anbietet. Ein Bild sagt mehr als tausend Worte. Bilder lassen sich schneller erfassen als Wörter und prägen sich auch besser im Gedächtnis ein.

Zu Anfang reicht es völlig aus, wenn Sie sich ähnlich den Korrekturzeichen eines Lektors eine **Reihe von aussagekräftigen Symbolen** zulegen, die leicht zu zeichnen und universal einzusetzen sind, wie z.B. ein Symbol für "Nicht vergessen!" oder "Wichtig" oder "Telefonat führen". Natürlich könnten Sie diese Aktionen auch verbal auf den Ast eines Mind Maps oder in die Blase eines Clusters schreiben.

"Innerhalb der visuellen Künste scheint mir das Zeichnen dem reinen Denken am nächsten zu kommen." (John Elderfield, Leiter im Museum of Modern Art, News York)

Wo liegt also der Vorteil, wenn Sie "Nicht vergessen!" als Symbol in Ihr Map zeichnen? Erstens delegieren Sie damit wieder einen Teil der verbalen Information an die rechte Hemisphäre, entlasten somit die linke Hemisphäre von unnötiger Verständnisarbeit, und zweitens werden Ihre Maps dadurch prägnanter und anschaulicher - im wahrsten Sinne des Wortes.

Beispiele für Symbole in der DenkZeichnung

So bauen Sie eine persönliche Symbolbibliothek auf

Wissen Sie, wie Kinder ihre Muttersprache lernen? Sie beginnen irgendwann, die Worte zu imitieren, die sie jeden Tag von Vater und Mutter hören. Dies ist eine äußerst erfolgreiche Methode nach dem System "TRIAL and SUCCESS (nicht Error)" und ein müheloser und streßfreier Weg obendrein. (Auf alle Fälle müheloser und streßfreier, als die Art, mit der die meisten von uns Englisch oder Französisch lernen durften!)

Auf diesem Weg - nämlich über das Imitieren - läßt sich auch schnell eine persönliche Bibliothek mit vielleicht zehn oder fünfzehn Symbolen aufbauen, die man immer wieder beim Mappen nutzen kann.

Wenn Sie das nächste Mal einen Bummel durch die Stadt machen - schauen Sie sich um. Wenn Sie sich dafür interessieren, werden Sie plötzlich eine Vielzahl von Symbolen und Grafiken entdecken, die für Ihre Maps geeignet sind. Da gibt es eine stilisierte Glühbirne auf dem Werbeplakat des Baumarktes, die in Zukunft als Symbol für "Idee" dienen kann oder das Symbol eines Telefonhörers in einer Zeitschrift, das sich gut kopieren läßt.

Sehr schnell bekommen Sie einen Blick dafür, was sich für Ihre Maps eignet und was nicht, z.B. daß Strichzeichnungen besser sind als Grafiken mit Graustufen.

Sammeln und studieren Sie diese Symbole, d.h. versuchen Sie die Symbole nachzuzeichnen und einzuüben, bis Sie diese ohne Vorlage aus dem Kopf zeichnen können. Versuchen Sie die Symbole in verschiedenen Größen und auch einmal spiegelverkehrt zu zeichnen. Am besten Sie legen sich dazu ein Skizzenbuch an, in dem Sie die gefundenen Symbole in Ruhe ausprobieren und einstudieren können. Jedes Schulheft mit Blanko-Papier erfüllt diesen Zweck. Ein Heft ist nützlicher als lose Blätter, weil man darin die eigenen Fortschritte besser verfolgen kann.

David Meier, vom Center for Accelerated Learning, führte im Auftrag der US-Regierung eine groß angelegte Studie zum Thema Lernen durch. Im Zentrum der Untersuchung stand Lernen und Visualisieren als das bildhafte Vorstellen. Über mehrere Jahre hinweg begleitete er 270 Probanden. Das Ergebnis: Die Studenten, die ihre Vorstellungskraft gezielt trainierten, schnitten um 12% besser ab, was das unmittelbare Erinnerungsvermögen anging, im Langzeittest behielten sie sogar 26% mehr Lernstoff. David Meier: "Wir müssen der geistigen Vorstellungskraft dieselbe Aufmerksamkeit widmen wie den komplizierten, von Computern unterstützten audiovisuellen Lerngeräten. Wir besitzen die beste multisensorische Lernmaschine der Welt - mitten in unserem Kopf."

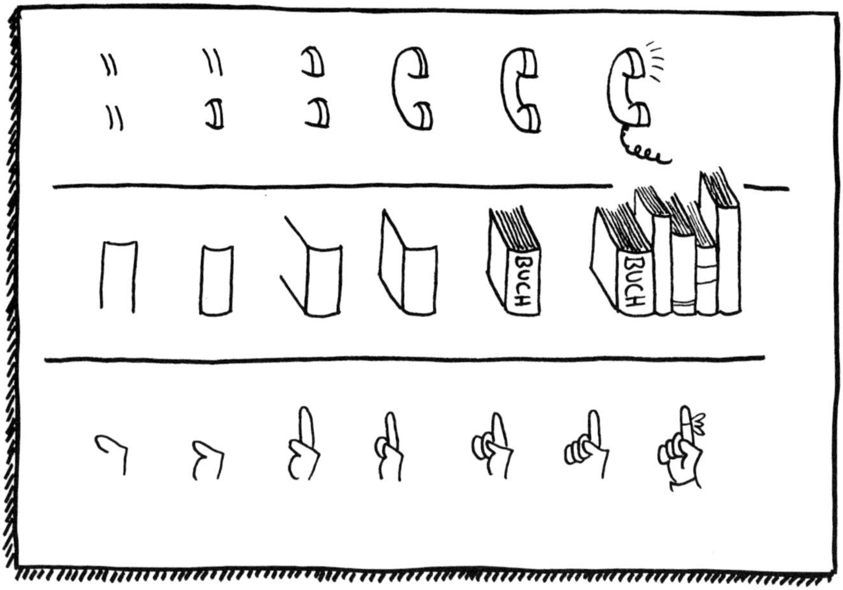

Schritt-für-Schritt Anleitung für Symbole

Das Grafik-Startset.

Um Ihnen den Anfang möglichst leicht zu machen, habe ich Ihnen - quasi als Startset - eine Reihe von Grafiksymbolen zusammengestellt, die sich in vielen DenkZeichnungen bewährt haben UND die leicht nachzuzeichnen sind. Sicher ist das eine oder andere Symbol dabei, das auch Ihnen zusagt. Dazu muß man die Symbole jedoch einmal gezeichnet haben.

WORLDSIGN-Language

Eine reine Fundgrube für genial einfache und aussagekräftige Grafiken ist die Symbolsprache WORLDSIGN, die der Kanadier David Orcutt entwickelt hat. WORLDSIGN kennt drei verschiedene Typen von Symbolen: Die "Kinegraphen" basieren auf den Gesten einer ganzen Reihe von Zeichensprachen rund um den Globus. Die "Ideographen" sind Symbole, die meist weltweit die gleiche Bedeutung haben, wie z.B. das Herz für Liebe. Und "Pictographen" sind Bilder, die mit wenigen Linien auf den essentiellen Sinngehalt reduziert wurden und sich dadurch besonders für unsere Maps eignen.

Nachfolgend finden Sie eine Reihe von "Pictographen", die sich gut für den Einsatz in Mind-Maps eignen.

Ein Auszug aus der Symbolsprache "WorldSign"

Eigene Symbole und Grafiken entwickeln.

"Um nachzuweisen, daß wir über ein schier grenzenloses Bildergedächtnis verfügen , zeigte der Wissenschaftler Ralph Haber seinen Testpersonen 2.560 Dias. Jedes Dia wurde zehn Sekunden lang an die Leinwand projiziert. Diese Vorführung zog sich über mehrere Tage und dauerte insgesamt 7 Stunden. Eine Stunde nach der Vorführung des letzten Dias wurde den Testpersonen 2.560 Paaren von sehr ähnlichen Dias gezeigt. Die Testpersonen mußten entscheiden, welches Dia sie von jedem Paar in der ersten Vorführung gesehen hatten. Die Erkennungsrate lag bei durchschnittlich 90%. Selbst als dieser Versuch mit 10.000 Bildern wiederholt wurde, konnte man ähnlich faszinierende Ergebnisse verzeichnen."

Nach einigen Maps werden Sie bemerken, wie Sie sich immer weiter von den anfänglich kopierten Symbolen entfernen. Sie werden beginnen, vorhandene Symbole abzuändern und eigene Symbole zu entwerfen. Sie werden immer freier werden im Umgang mit Bildern und Grafiken in Ihren Maps - weil es Ihnen Spaß macht, einen eigenen, ganz persönlichen und unverwechselbaren DenkZeichen-Stil zu entwickeln.

BeZeichnen Sie den Mittelpunkt.

Gerade in den Fällen, in denen Sie via Maps Ihr kreatives Ideenpotential anzapfen wollen, sollten Sie das Thema, über das Sie nachdenken und Ideen generieren möchten, nicht be-schreiben, sondern be-zeichnen. Ein Bild als Mittelpunkt focussiert Ihre Aufmerksamkeit, Ihre Wahrnehmung und Ihr Assoziationsvermögen weitaus intensiver auf das Thema als nur ein Wort.

Nehmen Sie es wörtlich: "*Ein Bild sagt mehr als tausend Worte!*" Zudem sind Bilder durch ihr größeres Assoziationspotential eine wunderbare Prophylaxe gegen das berühmte Brett vor dem Kopf. Und wenn Ihnen beim besten Willen einmal keine VerBILDlichung Ihres Themas einfällt, dann helfen Sie Ihrem rechten Hirn wenigstens mit einem "Wortbild" auf die Sprünge.

Übung: Wort-Bilder

Gewöhnlich pflegen wir unsere Gedanken durch Worte auszudrücken. Wir können dies aber auch mit Bildern tun. Oder - wie in dieser Übung - durch eine Synthese aus beiden. Diese Übung wird Ihnen dabei helfen, Ihren visuellen Phantasiemuskel zu stärken.

Schreiben Sie Wörter auf eine ihren Sinn betonende Weise, also so, daß auch ein Fremder, der kein Deutsch versteht, allein aus der Art, wie Sie das Wort schreiben, erraten könnte, was es bedeutet.

Beispiel:

LOCH	PLATZEN
BRUCH	MATROSE
BALLON	ABHANG

Worte bildhaft schreiben

Wie das DenkZeichnen die Wahrnehmung verändert

Nicola Tesla (1856 bis 1943), der Erfinder des Hochfrequenztransformators und der Hochspannungselektrizität war ein wahrer Meister des "Bilder-Machens". Er konnte mühelos komplizierte Maschinen und Apparate in seinem Geist konstruieren. Diese dreidimensionalen Bilder waren so detailgetreu, daß Tesla sein Talent gleich dazu benutzte, die von ihm konstruierten Maschinen tagelang probelaufen zu lassen - wohlgemerkt nur in seinem Kopf. Nach einigen Tagen Probelauf schaute er dann "in seinem Kopf" nach, ob und wenn ja, welche Teile verschlissen waren.

Je mehr Sie sich von den Vorlagen lösen und eigene Bilder und sinnträchtige Grafiken entwickeln, um so mehr werden Sie auch von Ihrer Umwelt wahrnehmen. Denn wenn man Dinge zeichnen will, muß man sie vorher b-e-w-u-ß-t wahrgenommen haben.

Ein Beispiel:

Sie planen für den kommenden Samstag eine Radtour ins Grüne. Um möglichst nichts zu vergessen, sitzen Sie nun an einer kurzen Checkliste in Form eines Maps. Sie denken, es wäre für Ihre Assoziation nützlicher, das Bild eines Fahrrades in den Mittelpunkt Ihres MindMaps zu zeichnen, als nur das Wort "FAHRRAD" zu schreiben. Aber WIE sieht eigentlich ein Fahrrad aus? Wir alle haben bereits 100mal ein Fahrrad gesehen, aber jetzt da man es zeichnen will, ähnelt das Ergebnis meist eher einem Hochrad anno 1817 als einem modernen Mountain Bike mit 21 Gängen, Jahrgang 1993.

Jetzt geschieht etwas Merkwürdiges: Das nächste Mal, wenn Sie in die Garage gehen, werden Sie ihr Fahrrad etwas genauer unter die Lupe nehmen und siehe da: Ihr nächster Versuch, ein Fahrrad zu zeichnen, wird Sie weitaus zufriedener stimmen.

Merke:
Je öfter Sie sich darin üben, Dinge aus Ihrem Leben in Bilder umzusetzen, um so mehr werden Sie davon (Ihrem Leben!) wahrnehmen, um so aufmerksamer werden Sie dafür, was um Sie herum geschieht.

Zusammenfassung:

Bilder und Grafiken in Ihren DenkZeichnungen haben einen mannigfaltigen Nutzen. Ihre linke Hemisphäre wird dadurch entlastet und Ihre rechte Hemisphäre mehr in den Denkprozeß mit einbezogen. In **kreativen Prozessen** verhelfen Ihnen Bilder zu weitaus mehr Assoziationen, als das bei Wörtern möglich ist. Beim **Aufarbeiten von Wissen** wird die Information sehr viel leichter aufgenommen, da sie über zwei Kanäle (analog + digital) eingespeist wird.

Unser Bildergedächtnis scheint nahezu unbegrenzt zu sein. Und nicht nur das: Auch halten sich Bilder weitaus länger in unserem Gedächtnis als reine verbale Informationen. (Metzig/Schuster)

Kapitel IV

DenkZeichnen in der Praxis - Anwendungsbeispiele

In diesem Kapitel lernen Sie eine Reihe von potentiellen Anwendungsgebieten für Ihre DenkZeichnungen kennen. Nachdem Sie etwas Erfahrung mit dem Clustering und dem Mind Mapping gesammelt haben, werden Sie schnell feststellen: Alle Anwendungen, die mit Maps leichter, schneller und mit mehr Spaß zu machen sind, lassen sich in drei Hauptgruppen aufteilen:

Ein Haupteinsatzgebiet aller DenkZeichnungen heißt "**Kreativität**", also alles was mit der Frage zu tun hat: *Wie kitzele ich möglichst schnell und mühelos viele gute Ideen und Gedanken AUS dem eigenen Hirn heraus?* Dies beginnt bei der Vorbereitung für ein außergewöhnliches Geburtstagsfest, geht weiter über das Verfassen eines Fachartikels für die Verbandszeitschrift bis hin zum Schreiben einer Rede oder dem Entwickeln neuer Marketingstrategien.

Ein weiterer Einsatzschwerpunkt liegt darin, **Informationen zu Wissen** zu machen, also die Frage: *Wie bringe ich fremde Ideen, Gedanken und Wissen IN mein Gehirn hinein?* Also jene Tätigkeiten, die wir klassisch mit "Notizen machen" oder auch mit "Lernen" bezeichnen würden, z.B. das Notieren eines Telefonats, das Mitschreiben einer Vorlesung oder Besprechung oder das Aneignen von neuem Wissen, sei es aus einem Fachbuch oder einem Seminar.

Der Vollständigkeit halber sei gesagt, daß es auch ein Mix aus beiden Anwendungsgebieten gibt, z.B. in der Projektplanung. Wenn Sie dieses Jahr eine Hausmesse planen, um Ihr Unternehmen möglichst werbewirksam der Öffentlichkeit vorzustellen, dann benötigen Sie einerseits eine Menge guter Ideen (wie mache ich dafür Werbung, die mich nichts kostet, usw.). Gleichzeitig werden Sie sich jedoch auch mit der Organisation beschäftigen müssen (einen Zeitplan aufstellen, die Mitarbeiter einteilen etc.).

Der Forscher und der Kritiker in uns

Kennen Sie Arthur Fischer? Man nennt ihn auch den schwäbischen Daniel Düsentrieb. Am 31. Dezember 1994 wurde er 75 Jahre alt. Herr Fischer schaut auf nicht weniger als 5.000 Patente zurück, angefangen von dem nach ihm benannten Fischer-Dübel, über das Kinderspielzeug gleichen Namens und ein Blitzlichtgerät für Fotoapparate bis hin zu einem patentierten Hüftgelenkskopf. Wer wünschte sich nicht auch solch eine geniale Kreativität, solch eine Flut von neuen guten Ideen? Ideen, die den Fischer-Werken im Schwarzwald übrigens einen Jahresumsatz von über 460 Millionen Mark einbringen.

"Kreativität ist eine wundervolle Fähigkeit, zwei sich deutlich voneinander unterscheidende Wirklichkeiten zu sehen, ohne über den Bereich unserer Erfahrung hinauszugehen und aus ihrer Gegenüberstellung den zündenden Funken zu finden." (Max Ernst)

Warum sprudeln einige Menschen nur so vor Ideen, während andere sich mit ihrem innovativen Potential gerade so über die Runden retten? Die Ursachen hierfür sind sicher vielschichtig, dennoch lassen sich bei kreativen Menschen meist folgende beide Gemeinsamkeiten feststellen:

Kreative Menschen kennen eine ganze Palette von Verfahren und Techniken, die sie in Verbindung mit ihrem Ideenpotential treten lassen, und sie wenden diese Verfahren auch an - entweder intuitiv oder systematisch. (Raten Sie einmal, welche das sein könnten!)

Wie man festgestellt hat, reicht dies allein nicht aus, um wirklich gute Ideen zu generieren. Die besten Kreativitätsverfahren, -methoden und -techniken sind nur unnützer Ballast auf dem Weg zum Ziel, wenn sie nicht auf den fruchtbaren Boden einer ideenfreundlichen Umgebung fallen. Und diese fängt nun einmal im eigenen Kopf an.

Allen kreativen Menschen ist gemein, daß sie daran **glauben**, kreativ zu sein. Diese Überzeugung läßt sie bewußt oder unbewußt in einer sehr ideenfreundlichen Stimmung sein, die sich u.a. auszeichnet durch eine starke Neugierde, Spaß am Spiel, einen konstruktiven Umgang mit eigenen und fremden Fehlern. Und das schönste dabei ist: diese Einstellung ist nicht etwa genetisch bedingt und nur Genies vorbehalten, sondern diese Einstellung kann man lernen.

Die Einstellungen, die so richtig krea-fit machen

Wir kommen alle mit einem unendlichen Potential an Ideen auf die Welt. Dazu muß ich nur meiner 15 Monate alten Tochter eine Weile zuschauen, welch höchst kreative Strategien sie entwickeln kann, wenn es z.B. darum geht, mein Büro binnen weniger Minuten in ein Chaos zu verwandeln. Irgendwann im Laufe der Zeit scheinen viele Menschen diese unbändige Neugierde und Begeisterung dann jedoch langsam zu verlieren. Wir nennen dies dann landläufig: "Erwachsen werden". Unbändige Begeisterung gilt als kindisch, allzu große Neugierde als aufdringlich. Man hat vernünftig und kritisch zu sein. Über eine Feedbackspirale von Leistung-Lob-Leistung entwickelt sich etwas in uns, was man den "Mr. Yesbutter" (von engl. Yes, but... = Ja, aber...) nennen könnte.

Ich wanderte im Land umher und suchte Antworten auf Dinge, die ich nicht verstand. Warum sich Muscheln auf den Berggipfeln befinden, zusammen mit Abdrücken von Korallen und Pflanzen und Meeresalgen, die gewöhnlich im Meer vorkommen. Warum der Donner eine längere Zeit dauert als das, was ihn verursacht, und warum der Blitz dem Auge unmittelbar nach dem Zeitpunkt seiner Erzeugung sichtbar wird, während der Donner huntertmal länger für seinen Weg braucht. Wie die verschiedenen Kreise im Wasser sich um die Stelle formen, die von einem Stein getroffen wurde und warum sich ein Vogel in der Luft hält. Diese Fragen und andere merkwürdige Phänomene haben mein Denken während meines ganzen Lebens beschäftigt."
(Leonardo da Vinci)

Mr. Yesbutter - Untermieter der linken Hemisphäre

Mr. Yesbutter ist der Herr in unserem Kopf, der für unser "kritisches Ich" zuständig ist. Er liebt es, Dinge in Frage zu stellen und herauszufinden, warum etwas nicht geht (*"Ja, die Idee finde ich ganz gut, aber haben Sie auch be-*

dacht...."). Bei den meisten Menschen tut er dies äußerst gekonnt und professionell. Diese Professionalität von Mr. Yesbutter muß uns nicht wundern, denn jedesmal, wenn er die Machbarkeit einer Idee wieder einmal besonders gekonnt widerlegt, läßt ihn das ein wenig stärker werden. Dabei ist es ganz gleich, ob es sich um einen eigenen Gedanken handelte (*...dafür bist Du noch zu jung, schon zu alt usw...*) oder um die Idee eines Kollegen handelt (*...wie wollen Sie das denn finanzieren?*). Einmal ehrlich: Wie oft ist es Ihnen schon so ergangen?

"Es behindert die kreative Arbeit des Geistes, wenn der Intellekt die Ideen zu gründlich untersucht, wenn sie einströmen." (Friedrich Schiller)

Sie hatten eine wirklich gute Idee, waren vielleicht sogar ein wenig euphorisch und plötzlich war er wieder da - Mr. Yesbutter. Jetzt beginnt man sich am Kinn zu kratzen, nachdenklich die Stirn zu runzeln und sich kritisch zu fragen: *"Schaffst du das überhaupt? Und wann willst du das eigentlich machen und mit welchem Geld?"* Und wie leicht ist man dann versucht, ihm nachzugeben und die Idee als "unvernünftig und realitätsfremd" ad acta zu legen.

Mir scheint, Mr. Yesbutter genießt besonders in unseren westlichen Gesellschaften ein überaus hohes Ansehen, was ihn hirnanatomisch wohl eher zum "Untermieter der linken Hemisphäre" macht. Seine kritische Meinung scheint viel gewichtiger zu sein als alle enthusiastischen und begeisternden Ideen, die uns im Moment ihres Auftauchens oftmals ein richtiges "High-Gefühl" vermitteln können.

Finden Sie es nicht auch schade, wenn diese

Ideen niemals die Chance haben, sich zu entwickeln, da wir sie mit unserem so gekonnten kritischen Denken oftmals bereits im Keim ersticken?

Stellen Sie sich doch einmal vor, wo diese Welt heute wäre, wenn wir alles in Frage gestellt hätten, wenn es nicht Menschen gegeben hätte, die entgegen aller guten Ratschläge die Segel gesetzt hätten, um zum Rand dieser Erde zu fahren, auch auf die Gefahr hin, irgendwann von dieser Erdscheibe herunterzufallen. Und siehe da, die Erde war gar keine Scheibe.

"Aus heiligen Kühen, die man schlachtet, werden großartige Steaks."
(D. Nicolosi, Philosoph)

Verstehen Sie mich richtig. Auch Mr. Yesbutter hat seinen Platz. Er spielt in jeder Innovation eine wichtige und notwendige Rolle, um später

Lücken und Risiken einer Idee aufzudecken, um sie auf Realisierbarkeit zu überprüfen, um sie "wasserdicht" zu machen.

"Die häufigsten Ideenkiller:
- Damit kommen wir hier nicht durch!
- Viel zu teuer!
- Aber das haben wir doch noch nie so gemacht!
- Seien Sie erst einmal ein paar Jahre in der Abteilung ...!
- Dafür sind wir nicht zuständig!
- Ja, wenn das alles so einfach wäre!
- Wenn es so gut ist, warum hat's dann noch kein anderer gemacht!
- Können Sie das verantworten!
- Was glauben Sie, was der Chef dazu sagt!
- Theoretisch mögen Sie recht haben!
- Das ist ja alles ganz nett, aber unter wirtschaftlichen Gesichtspunkten ...
- Da könnte ja jeder kommen!"

Meine Betonung liegt jedoch auf SPÄTER. Denn ein wichtiger Bestandteil eines kreativen Prozesses ist das richtige Timing. Natürlich ist es leichter, eine Idee zu kritisieren, als eine zu haben. Aber es muß halt ZUNÄCHST etwas da sein, bevor man es kritisieren kann. Mit anderen Worten: **Wecken Sie den zweiten Mann im Kreativitäts-Duett aus seinem Dornröschenschlaf: den Forscher und Künstler in uns.**

Zuerst kommt der Forscher, dann der Kritiker...

Er repräsentiert jenen Teil in uns, den wir oft bei Kindern bewundern. Der Forscher in uns findet alles interessant und faszinierend. Mit all seinen Sinnen ist er dauernd auf der Suche, um neues, unbekanntes Terrain zu erkunden. Und wenn ihn die Neugierde gepackt hat, dann beweist er eine schier unendliche Geduld und Ausdauer.

Während Mr. Yesbutter bei den meisten von uns täglich Spitzenleistungen erbringt, ist es oft gar nicht so einfach, den Forscher und Entdecker in uns wachzurütteln. DenkZeichnen ist an sich bereits ein wunderbares Training für Ihren Forscher und Künstler. Bei jedem Mind Map oder Cluster, das Sie zeichnen, werden Sie neue Entdeckungen machen.

Hier sind noch einige Tips für das Generieren neuer Ideen:

Schaffen Sie zunächst einen Überfluß an Ideen und Gedanken (divergentes Denken), dann erst treffen Sie eine Auswahl (konvergentes Denken). Schauen Sie einmal in die Natur. Eine Pflanze produziert Tausende von Samen und nur ganz wenige davon werden keimen. Trennen Sie die beiden Denkstile des Forschers und des Kritikers strikt voneinander. Erst kommt das divergente Denken, das Ideen im Überfluß produziert. Notieren Sie auch Ideen, die oberflächlich nicht zur Problemlösung beitragen. In der divergenten Phase hat Mr. Yesbutter Redeverbot. Er darf seine Brillianz später in der konvergenten Denkphase ausspielen, in der es dann per Analyse darum geht, die beste Lösung zu finden.

Geben Sie sich niemals mit der erstbesten Idee zufrieden!

"Nichts ist gefährlicher als eine Idee - wenn es die einzige Idee ist, die Sie haben." (Emile Chartier, Philosoph)

Ich stelle immer wieder fest, daß wir uns allzu oft auf die erstbeste Lösung stürzen, die uns ein- oder zufällt. Sprechen Sie einmal mit einem professionellen Pressefotografen, der z.B. für das GEO Magazin eine Reportage über Wale fotografiert. Er kann höchstens 15 oder 20 Fotos in der Reportage unterbringen. Um jedoch diese Ausbeute an wirklich exzellenten Fotos zu bekommen, wird er 800 oder sogar 1.000 Aufnahmen schießen - von einem Motiv. Er tut dies, da er weiß, daß von all den Bildern, die er macht, nur einige ganz wenige davon wirklich ausgezeichnet sein werden.

Rolf Berth schreibt in seinem 1994 erschienenen Buch "ERFOLG" über die Innovationsfreudigkeit deutscher Manager: "... Man braucht für eine einzige Erfolgslancierung am Anfang volle 175 Ideen!"

Wieviele Produkte oder Dienstleistungen wollen Sie in diesem Jahr pro Geschäftseinheit erfolgreich im Markt plazieren? Diese Zahl müßten Sie dann mit 175 multiplizieren, um auf die Menge Ideen zu kommen, die Sie dazu bräuchten. (Im Durchschnitt der von Berth befragten Manager waren es 1,3 Erfolgsprodukte - entspräche also 227 Ideen.)

Übung: Büroklammer

Finden Sie mindestens 25 Ideen, was man mit einer Büroklammer noch machen könnte.

Regeln:

1. Halten Sie JEDEN Gedanken fest, auch wenn er Ihnen noch so abwegig vorkommt.

2. Verbieten Sie dazu Ihrem Mr. Yesbutter kategorisch den Mund.

3. Machen Sie sich keine Gedanken über Struktur und Ordnung Ihres Maps.

... und los geht's.

Denken Sie schriftlich - schreiben Sie's auf!

"Das traurigste, was man über den Stift eines Schriftstellers sagen kann, ist: " Ich habs nicht aufgeschrieben!"

Das Dumme an meinen Ideen war oft: Wenn ich welche brauchte, kamen keine und wenn welche kamen, brauchte ich sie eigentlich nicht. Wenn ich also schon einmal eine gute Idee hatte, sagte ich zu mir: Ich werde sie mir sicher aufschreiben, später, wenn ich Papier und Bleistift habe!" Und als ich dann Papier und Bleistift hatte, war sie weg - die Idee.

Gute Ideen sind extrem "schwindsüchtig". In dem Augenblick, in dem die Idee kommt, glaubt man, es sei unmöglich sie zu vergessen. Doch nur einige Augenblicke später verwischt sich der Eindruck oder verschwindet ganz.

"Schließlich findet der größte Teil des Schreibens nicht an der Schreibmaschine, nicht am Schreibtisch statt. Ich würde sagen, es findet in den ruhigen, stillen Augenblicken statt, während man einen Spaziergang macht oder sich rasiert oder ein Spiel spielt, oder was auch immer tut, oder sogar, während man mit jemandem spricht, an dem man nicht unbedingt interessiert ist. Sie arbeiten, Ihr Geist arbeitet an diesem Problem im Hinterkopf." (Henry Miller)

Daß wir Dinge vergessen, liegt unter anderem daran, daß unser Gedächtnis "kontextabhängig" arbeitet. Wir haben in einem bestimmten Kontext (Umgebung, Menschen, Musik etc.) eine gute Idee. Wir ändern den Kontext und viele der Assoziationen, die wir dazu hatten, gehen verloren und oft damit auch die Idee. Seien Sie also immer bereit, Ihre guten Ideen festzuhalten. Ich schreibe mir (fast) jede Idee auf und am Tagesende prüfe ich:

1. Welche Ideen kommen in den Papierkorb?

2. Welche Ideen könnten in Zukunft brauchbar sein? Dafür habe ich eine Ideenkartei.

3. Welche Ideen kann ich sofort verwerten, haben direkt Bezug zu einem Projekt o.ä.? (Das sind fünf bis zehn Prozent.)

Das “fast”, das ich im obigen Satz eingeklammert habe, bezieht sich auf die Art von Ideen, die noch so diffus und nebulös sind, daß ein Aufschreiben diese noch jungfräuliche Idee unwiederbringlich in ein Denkschema zwängen würde, dessen enge Grenzen jeglicher Weiterentwicklung den Schwung nehmen würden.

Überlegen Sie einmal:

In welchem Kontext haben Sie besonders viele und gute Ideen: unter der Dusche, beim Spazierengehen, oder kurz nach dem Aufwachen?

"Der Blitz der Inspiration kann überall einschlagen. Bei Archimedes kam er in der Badewanne und bei Isaac Newton unter dem Apfelbaum. Aber bei Alistair Pilkington kam er an einem trüben Oktoberabend, während er das Geschirr vom Abendessen abwusch. Während er auf die im Spülbecken schwimmende Seife und das Fett starrte, erdachte er plötzlich Floatglas - eine Methode, Glas billiger herzustellen, indem man es auf einem Bad aus geschmolzenen Zinn schwimmen läßt."

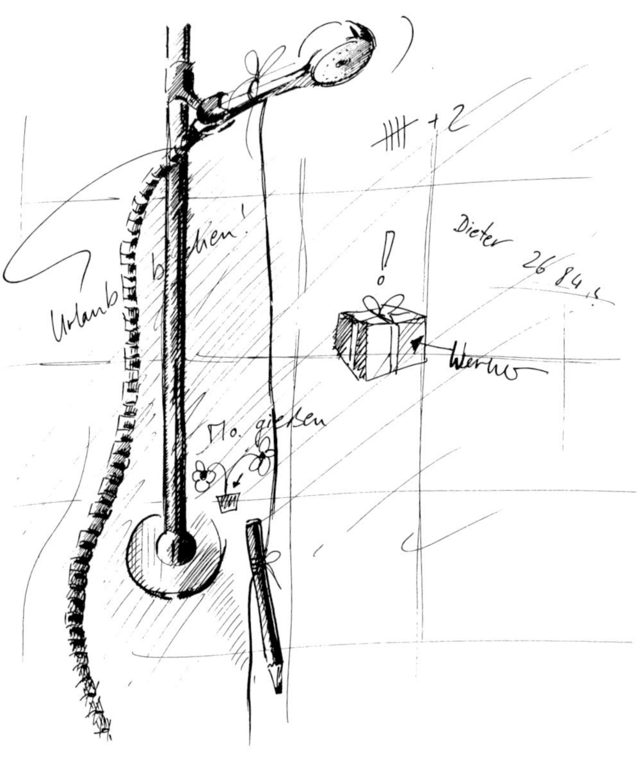

Wie könnten Sie dafür sorgen, daß gerade diese Ideen nicht verloren gehen?

DenkZeichen-Beispiel Nr. 1: Mit Maps eine Rede vorbereiten

"Bevor ich mit meiner Rede beginne, möchte ich noch etwas sagen." (N.N.)

Stellen Sie sich bitte vor, Sie wären Teilnehmer an einem großen Kongreß (1.500 internationale Gäste) und zudem persönlich mit dem Veranstalter bekannt. Kurz vor der Kaffeepause kommt dieser völlig aufgelöst zu Ihnen und bittet Sie inständig, Sie mögen doch den nächsten Vortrag übernehmen, da der Referent wegen einer Autopanne ausfallen wird. Das Thema heißt: "Die Farbe Blau". Sie haben genau die Kaffeepause von 25 Minuten Zeit, um sich ein Konzept für den 45minütigen Vortrag zu machen.

Darf ich davon ausgehen, daß Sie sofort begeistert sind und spontan zusagen werden? Immerhin bekommt man nicht jeden Tag die Gelegenheit, vor 1.500 Menschen sprechen zu können, oder? Sollten Sie wirklich so reagieren, darf ich Sie beglückwünschen. Dann gehören Sie nämlich zu einer wirklichen Minderheit. Ein Großteil der zivilisierten Menschheit würde in diesem Augenblick mit allen klassischen Streßsymptomen wie feuchten Händen und "Schmetterlingen im Bauch" reagieren. Immer wieder stellen Umfragen fest, daß eine der Situationen, wovor sich Menschen am meisten fürchten, die freie Rede vor mehr als einer Person ist.

"Es gibt kein Gebiet, worüber der rednerisch Gebildete vor der Menge nicht überzeugender sprechen könnte als irgendein Fachmann." (Platon)

Warum eigentlich? Ein Grund dafür ist sicherlich die mangelnde Übung. Würde die Kunst der freien Rede bei uns das gleiche hohe Ansehen haben wie im antiken Griechenland des Sokrates und Platons, müßten wir heute nicht jedesmal Nervenflattern bekommen, wenn es darum geht, ein neues Produkt vor großer Runde zu präsentieren oder eine Tischrede aus dem Stehgreif zu halten.

Eines kann ich Ihnen auf jeden Fall versichern - mit Talent hat das reichlich wenig zu tun. Hier eine Möglichkeit, mit der Sie den Forscher und den Kritiker in Ihrem Kopf zu einem kreativen und produktiven Team zusammenschweißen können, das Ihnen in kürzester Zeit das fertige Manuskript für eine Rede oder einen Vortrag liefern wird:

Phase 1: Freies Assoziieren (divergentes Denken)

Nehmen Sie ein großes Blatt Papier (am besten DIN A3) und einen Stift. Schreiben (oder besser zeichnen) Sie das Thema Ihres Vortrages oder Ihrer Rede als Fokus in die Mitte des Blattes. Nun halten Sie mindestens zehn Minuten lang jeden Gedanken fest, der Ihnen einfällt, wenn Sie an das Thema denken. Schreiben Sie auch die abwegigste Idee auf, die Ihnen in den Kopf kommt. Wenn sie Ihnen einfällt, hat sie irgend etwas mit dem Thema zu tun. Machen Sie sich keine Sorgen um Struktur oder Ordnung Ihres Maps oder Clusters. Lassen Sie durch die Assoziationen neue Assoziationen entstehen. Achten Sie darauf, daß Ihr Stift in Bewegung bleibt.

Wenn Sie einmal nichts zu schreiben haben, “duseln” Sie ein wenig, d.h. malen Sie an den bestehenden Ästen oder Blasen herum.

Denken Sie daran: In dieser Phase geht es darum, einen Überfluß an Ideen zu schaffen. Je mehr Ideen, desto größer ist die Chance, daß später auch wirklich gute Ideen für Ihren Vortrag dabei sind. Und je verrückter die Ideen, die ihnen einfallen, desto größer ist die Wahrscheinlichkeit, daß Sie mit Ihrem Vortrag das Thema erschöpfen, aber nicht die Zuhörer.

Tip: Viele meiner Seminarteilnehmer bestätigten mir, daß für das freie Assoziieren das Clustering besser als das Mind Mapping geeignet ist.

Übung: Freies Assoziieren ins Blaue

Zurück zu den 1.500 internationalen Kongreßgästen und Ihrem Vortrag zu dem Thema “BLAU”. Versuchen Sie sich einmal daran und assoziieren Sie zehn Minuten frei.

Wie ist es Ihnen ergangen? Waren Sie erstaunt über die Vielzahl Ihrer Ideen, die Sie zu einem eigentlich doch recht banalen Thema wie BLAU hatten? Falls Sie noch nicht recht zufrieden über Ihre Ausbeute sind, dann macht dies gar nichts. Vielleicht ist Ihr Mr. Yesbutter ja besonders dominant und redet Ihnen noch etwas dazwischen. Aber das legt sich, wenn er merkt, daß sein Part auch noch kommt.

Hier noch zusätzlich ein paar Themen, um das freie Assoziieren zu üben:

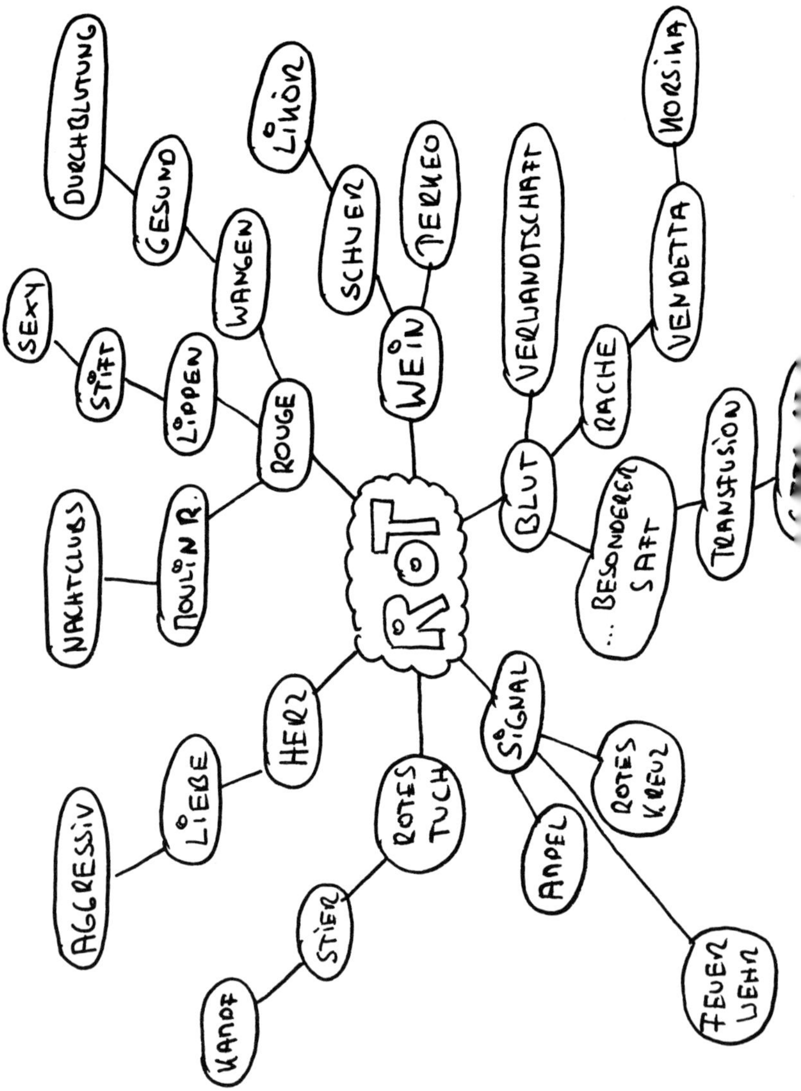
ROT
ROUGE
LIPPEN
STIFT
SEXY
WANGEN
GESUND
DURCHBLUTUNG
MOULIN R.
NACHTCLUBS
WEIN
SCHWER
LIKÖR
PERKEO
BLUT
VERWANDTSCHAFT
RACHE
VENDETTA
KORSIKA
... BESONDERER SAFT
TRANSFUSION
HERZ
LIEBE
AGGRESSIV
ROTES TUCH
STIER
KAMPF
SIGNAL
AMPEL
ROTES KREUZ
FEUERWEHR

- Mein Traumurlaub
- Glühwürmchen
- Hochwasser
- Rutschpartie
- Mein Lieblingsplatz.

Noch ein Tip: Es kann Ihnen passieren, daß - während Ihr Geist noch wundervolle Assoziationsketten bildet - Ihnen plötzlich eine geniale Formulierung oder per "Aha-Effekt" ganz spontan eine gute Gliederung für Ihren Vortrag einfällt.

Bleiben Sie dann nicht sklavisch beim freien Assoziieren, sondern unterbrechen Sie einfach diese Phase, formulieren Sie den Satz aus oder springen Sie jetzt gleich in die nächste Phase. Bleiben Sie flexibel. Dies ist ein Spiel für Ihren Geist, jedoch ein höchst wirkungsvolles!

Anmerkung: Hin und wieder hat man ja etwas mehr Zeit, um sich auf einen Vortrag vorzubereiten, als nur die Dauer einer Kaffeepause. Für diesen Fall:

"Die Menschen, die etwas von heute auf morgen verschieben, sind dieselben, die es bereits von gestern auf heute verschoben haben."
(Peter Ustinov)

1) Legen Sie sich am gleichen Tag, an dem Sie diese Aufgabe übernehmen (z.B. in 14 Tagen einen Vortrag über das Thema X zu halten) eine Hängemappe oder ähnliches an, in der Sie alles zu diesem Thema sammeln, was Ihnen unterkommt.

2) Beginnen Sie an diesem ersten Tag ein Assoziations-Map anzulegen. Selbst wenn Sie dafür nur fünf Minuten investieren und gerade einmal sieben Ideen notieren können, überlistet diese Maßnahme den ISH (= innerer Schweine-

Freies Assoziieren für einen 90minütigen Vortrag zum Thema Zeitplanung

ALS 6JÄHRIGER
ALS 60 JÄHR.
6 WOCHEN
ZEIT ≙ GELD
5 SINNE
SENSORISCH DEFINIT
KONKRET
SPIEGEL
⊖ PRESSE
ERZIEHUNG
FÄLLT SCHWER
1. SCHRITT
VISION
SCHRIFTLICH
JAHRES ZIELE
LEBENSZIELE
85. GEBURTSTAG
ZIELE
DREHBUCH
CHECK
RICHTIGE ZIELE
FALSCHE ZIELE
ALLTAG
GEGENWARTS FORM
PHANTASIE REISE
ASSOZIIERT
PROBLEM
⊕ FORMULIEREN
GEFÜHL ↗
ENTSCHEIDUNGEN
MOTIVATION
GELBER ELEFANT
MAßSTAB FÜR'S TUN
U-BEWUSSTSEIN
JÄGER + SAMMLER

hund), der ja bekanntlich 1000 Gründe parat hat, warum man ausgerechnet heute nicht mit diesem Projekt beginnen sollte.

Phase 2: Der Kritiker darf ordnen (konvergentes Denken)

Nachdem unser Forscher per freier Assoziation in all unseren Gehirnwindungen nach Ideen und Gedanken gestöbert hat, darf in dieser zweiten Phase nun auch unser Kritiker ans Werk. Jetzt heißt es, aus einer Vielzahl von Ideen die Sahnestückchen herauszufinden, zu ordnen und in eine strukturierte Form zu bringen. Und dies am besten gleich so, daß das Ergebnis ein fertiges Redemanuskript ist.

Nehmen Sie dazu ein neues Blatt Papier zur Hand und zeichnen oder schreiben nochmals **das Thema in den Mittelpunkt** (in unserer Übung: BLAU). Für diese zweite DenkZeichnung eignet sich übrigens das Mind Mapping besser als das Clustering.

Nun geht es darum, drei bis vier **Hauptgliederungspunkte** für Ihre Rede zu finden.

Es könnte sein, daß Ihnen diese Oberbegriffe schon aus Ihrem AssoziationsMap ins Gesicht springen. Sollte dies nicht der Fall sein, überlegen Sie, welche der Ideen zu welchen Hauptpunkten zusammengefaßt werden können. Zeichnen Sie für jeden Hauptgliederungspunkt einen Hauptast an den Mittelpunkt (vier Hauptredethemen = vier Hauptäste). Der letzte Schritt ist denkbar einfach: Übertragen Sie von Ihrem ersten AssoziationsMap all die Gedanken in ihr zweites Map, die zu einem der vier Äste passen. Alle anderen Ideen, die keinen Bezug zu einem Ihrer Redethemen haben, bleiben also unberücksichtigt.

Während Sie diese Ideen als Blasen oder Zweige an die jeweiligen Hauptäste Ihres zweiten Maps zeichnen, werden Ihnen weitere Gedanken in den Kopf kommen (es ist fast unmöglich, NICHT zu assoziieren).

Diese neuen Assoziationen sind jedoch zielgerichtet, d.h. sie passen direkt zu einem der Hauptgliederungspunkte.

Phase 3: Das fertige Manuskript

Eigentlich haben Sie das schon vor sich liegen. Ja - ich meine das letzte Map, das Sie gezeichnet haben. Für die meisten Fälle, z.B. für ein kurze Präsentation oder eine kurze Rede, reicht dies völlig aus und ist eine gute Alternative zu den traditionellen Redemanuskripten.

"Ich mußte einmal nach Premierminister James Callaghan eine Rede halten, der 45 Seiten verlesen hatte. Das erschöpfte Publikum atmete auf, als ich mich ohne Unterlagen in der Hand erhob. Doch ich dämpfte diese Freude mit dem Hinweis, daß, wenn jemand nach einem Konzept spreche, man wenigstens wisse, daß er irgendwann auch wieder aufhöre."
(Lord Goodmann)

Die Vorteile:

1. Sie haben alle wichtigen Punkten auf einer (oder zwei) Seiten.

2. Die innere Struktur und der Aufbau Ihrer Rede liegen klar vor Ihnen.

3. Die Beschränkung auf Schlüsselwörter läßt Sie erstens den - eventuell verlorenen - Faden sehr schnell wiederfinden und zweitens wird Ihre Vortragsweise sehr viel lebendiger, als wenn Sie Sätze oder Satzfragmente ablesen würden.

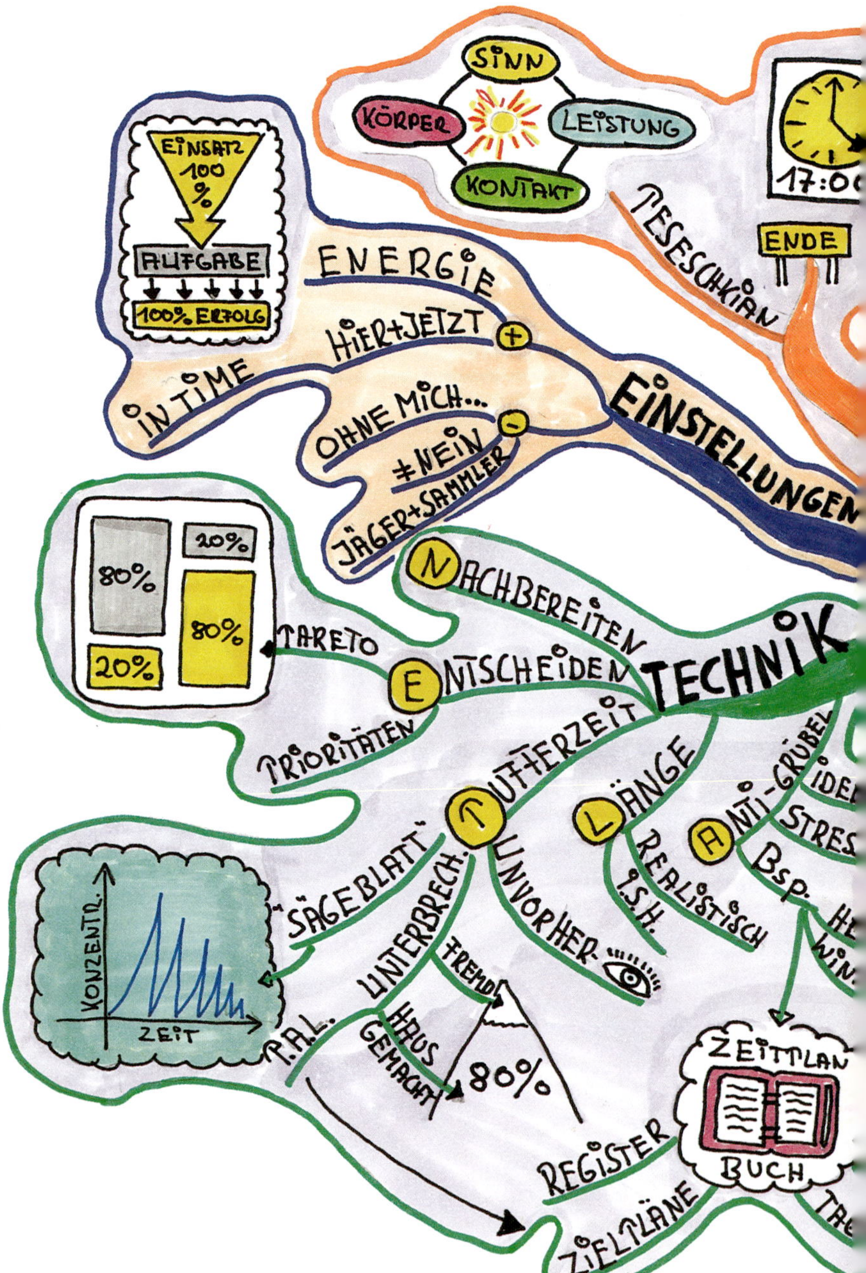

Das fertige Redemanuskript zum Vortrag Zeitplanung

VS.
TECHNIK
EINSTELLUNG
HAWAII
BEGRÜSSUNG
VORSTELLUNG
RM-UP
ZEIT?
WAS IST...?
SUBJEKTIV
UNWIEDERBRINGLICH
=GELD?
LEBEN
26.500 TAGE
FÜR WAS?
N-E-B-E-L
ZIELE
ZIELE
"2 SÜNDEN"
ZIELE
SPINNER
WINNER
Ø
WORK-AHOLIC
KONSEQUENZ
ELREGELN
VISION
WARUM?
LEITBILD
MAßSTAB
TUN = RICHTIG?
FALSCH?
ALLTAG
PROBLEME
SINN
WERT
1 SCHRIFTLICH
2 KONKRET
3 POSITIV
4 GEGENWART
5 VISUALISIEREN
DABEI!
ORM.

Sollte Ihnen dies als Vorbereitung dennoch nicht ausreichen, dann zeichnen Sie dieses letzte Map mit dem gleichen Inhalt nochmals neu. Legen Sie nun die Äste (falls noch nicht geschehen) in chronologischer Weise so an, wie Sie Ihren Vortrag planen. Mein erster Ast in Maps mit chronologischer Reihenfolge ist der 13.00 Uhr-Ast. In Redemanuskripten nimmt er den Platz, nein, nicht für die Begrüßung, sondern für einen wirklich außergewöhnlichen Start ein, z.B. ein aktuelles Tagesereignis, das Bezug zu meinem Thema hat o.ä. Der eigentliche "Begrüßungsast" ist dann meist der 15.00-Uhr Ast usw.

Achten Sie auf folgende Dinge, falls Sie ein MindMap als Redemanuskript benutzen wollen:

1. Benutzen Sie ein DIN A4-, besser noch ein DIN A3-Blatt.

2. Schreiben Sie sehr ordentlich und sauber (nichts erzeugt mehr negativen Streß, als während eines Vortrags die eigene Schrift nicht mehr lesen zu können).

3. Legen Sie maximal vier oder fünf Hauptäste pro Map an.

4. Verwenden Sie Farben, um das Ganze möglichst übersichtlich zu machen. So können Sie z.B. pro Astgruppe eine Farbe benutzen oder aber bestimmte Teile Ihrer Rede farbig codieren, z.B. alle Fakten in Blau, alle Gags, Witze oder Anekdoten in Gelb.

5. Und leider funktioniert das Ganze nur dann,

wenn Sie ein Rednerpult oder einen Tisch zur Verfügung haben. Es sieht nämlich etwas seltsam aus, wenn Sie mit einem DIN A3 Manuskript vor Ihrem Auditorium stehen. (Außerdem bemerken die Zuhörer das Händezittern des Redners eher, je größer sein Manuskript ist. Deshalb verwenden professionelle Fernseh-Moderatoren ja auch ganz kleine Manuskriptkärtchen.)

Sollte dieses Argument Ihnen nun etwas den Spaß genommen haben, hier noch ein Tip:

Das Flipmap.

Zeichnen Sie zu Hause Ihren Vortrag als formatfüllendes Mind Map auf Flipchartpapier vor, und zwar ganz fein mit Bleistift. Im Vortrag malen Sie dann Ast für Ast mit bunten Faserstiften diese Vorlage nach, synchron zum Ablauf Ihrer Rede.

Die Vorteile:

1. Sie können quasi ohne Manuskript frei reden. Sollten Sie wirklich einmal ins Stocken geraten, schlendern Sie an das Flipchart. Dort ist ja Ihr gesamter Vortrag (mit Bleistift) aufgezeichnet. Für Ihre Zuhörer daher (fast) unsichtbar.

2. Ihre Zuhörer werden Ihnen diese visuelle Unterstützung danken. Denn für die meisten "Augenmenschen" bedeutet es eine ungeheure Erleichterung, nicht nur auf dem auditiven Kanal, sprich Ohren, berieselt zu werden, sondern parallel dazu den Vortrag auch visuell verfolgen zu können.

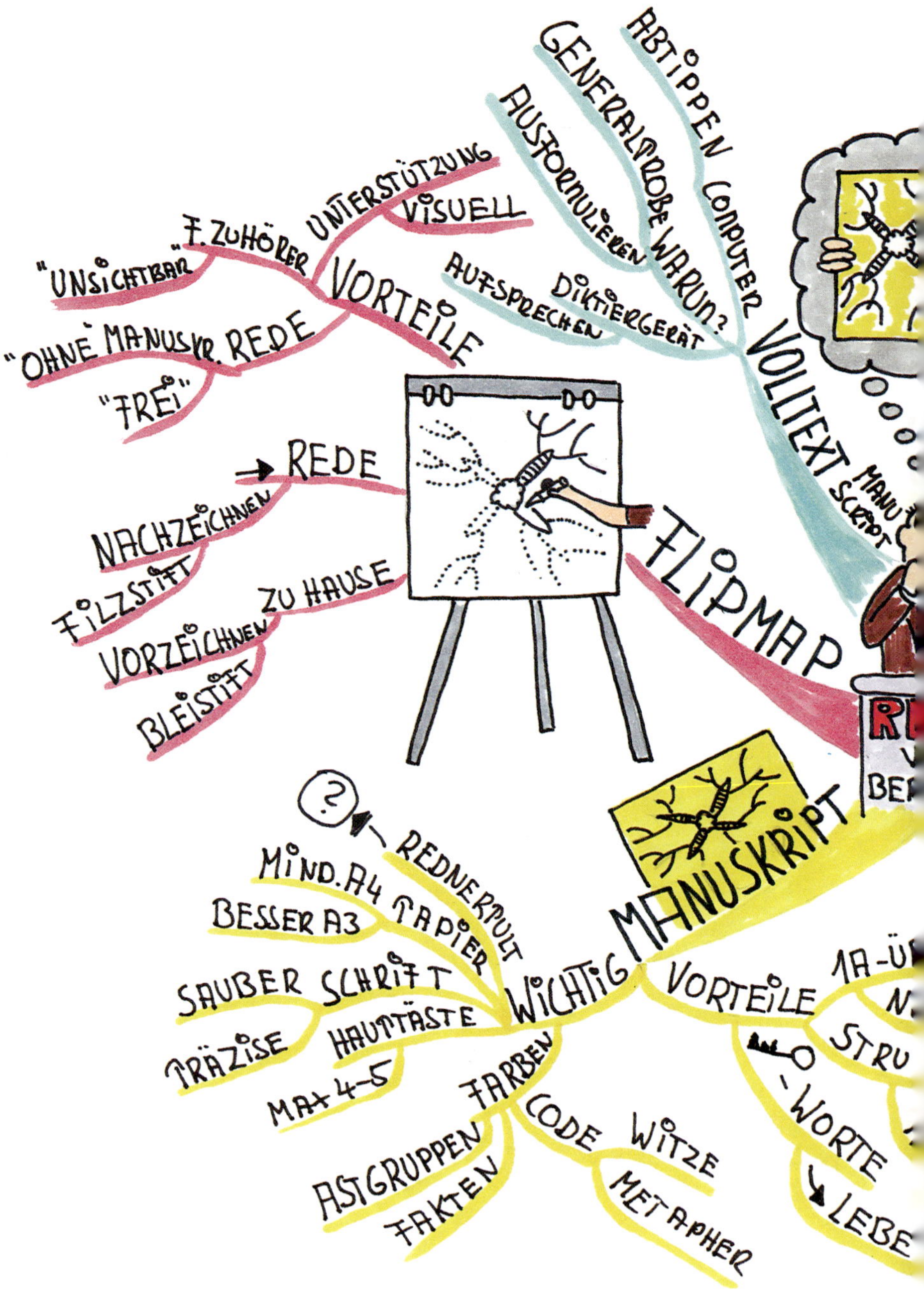

Zusammenfassung: Eine Rede vorbereiten

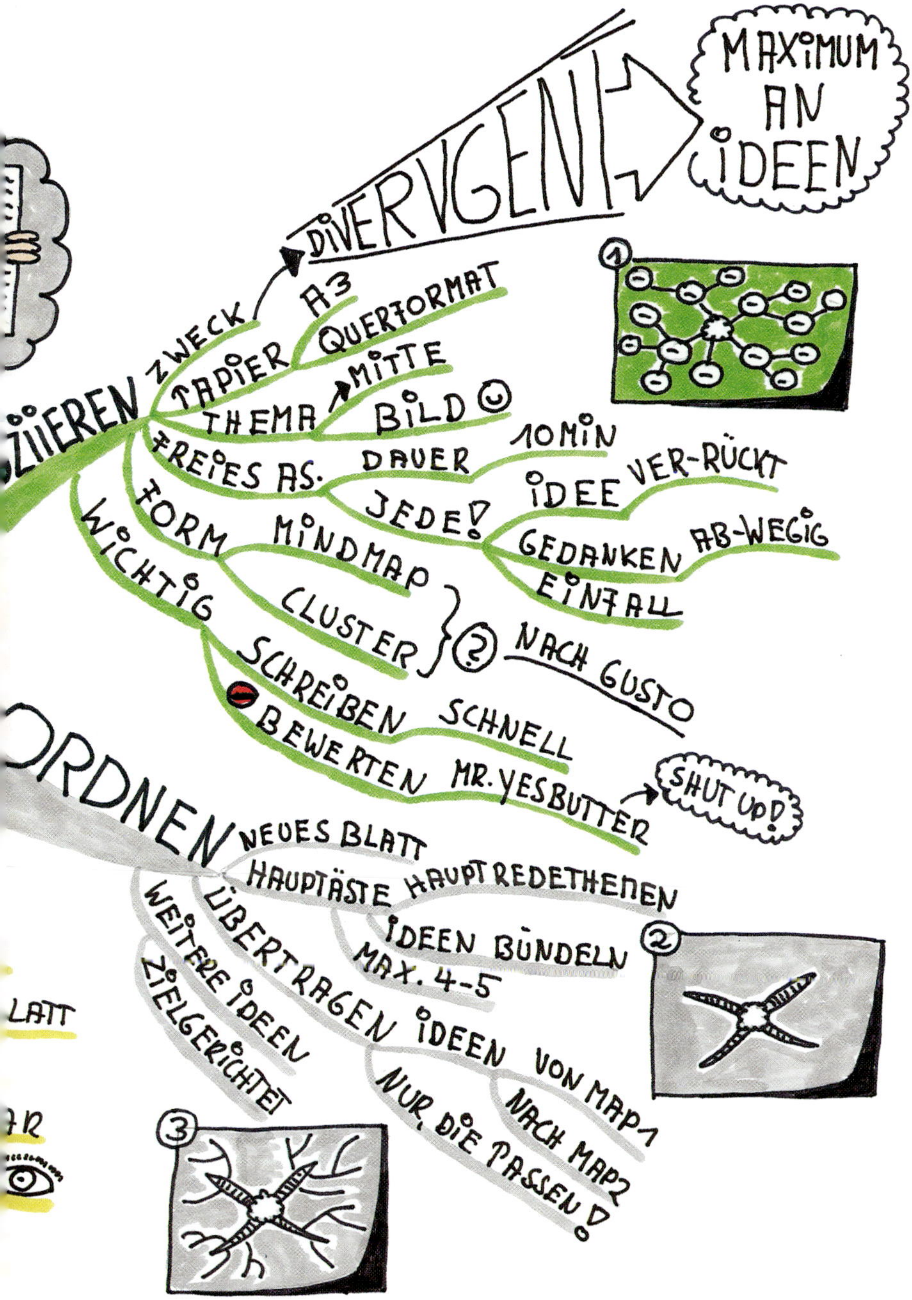
DIVERVGENT
MAXIMUM AN IDEEN
ZIIEREN
ZWECK
PAPIER
A3
QUERFORMAT
THEMA
MITTE
BILD ☺
FREIES AS.
DAUER
10 MIN
JEDE!
IDEE
VER-RÜCKT
GEDANKEN
AB-WEGIG
EINFALL
FORM
MINDMAP
CLUSTER
?
NACH GUSTO
WICHTIG
SCHREIBEN
SCHNELL
BEWERTEN
MR. YESBUTTER
SHUT UP!
1
ORDNEN
NEUES BLATT
HAUPTÄSTE
HAUPTREDETHEMEN
IDEEN BÜNDELN
MAX. 4-5
ÜBERTRAGEN
IDEEN
VON MAP 1
NACH MAP 2
NUR DIE PASSEN!
WEITERE IDEEN
ZIELGERICHTET
2
3
LATT

Phase 4: Das Volltext-Manuskript (nach Bedarf)

Falls Sie das erste Mal über ein Thema sprechen, kann es durchaus sinnvoll sein, die Sätze des Vortrages einmal ausformuliert zu haben. Am einfachsten geht dies, wenn Sie mit Ihrem Manuskript-Map den ganzen Vortrag einmal auf Band sprechen (Diktiergeräte o.ä.). Falls Sie lieber schreiben, tippen Sie den Vortrag in den PC.

Der Spickzettel-Effekt

Wenn Sie nun Phase 1 bis Phase 4 durchlaufen haben, werden Sie mit hoher Wahrscheinlichkeit feststellen, daß Sie gar kein Manuskript mehr benötigen, so gut "sitzt" der Stoff. Dies nenne ich das "Spickzettel-Phänomen".

Ich kann mich noch gut an einen Abschnitt meiner Schulzeit erinnern, in dem die Kunst, Spickzettel immer kleiner und perfekter zu gestalten, hoch im Kurs stand. Immer wieder schrieb man den Zettel mit den Geschichtszahlen neu und versuchte so winzig zu schreiben, daß das Ganze auf die Rückseite des Lineals paßte. Wirklich gebraucht habe ich ihn dann eigentlich nie. Warum? Ganz einfach - weil sich die Informationen über die ganze "Spickzettel-Schreiberei" unauslöschlich in mein Gedächtnis eingebrannt hatten. Mit anderen Worten: Das war intelligentes und mit Spaß verbundenes Wiederholen. Wenn Sie mit DenkZeichnen eine Rede vorbereiten oder eine Präsentation planen, werden Sie in den Genuß des gleichen Effekts kommen: Sie werden Ihr Manuskript gar nicht mehr benötigen. Durch die vielseitige und ganzhirnige Beschäftigung mit dem Thema sind die einzelnen Redethemen 100% abrufbereit in Ihrem Gedächtnis abgespeichert. Aber Sie können es ja trotzdem einmal mitnehmen - für alle Fälle.

Der "Jäger und Sammler" in uns - einige Denkanstöße über den Umgang mit Wissen

Traditionell hegen viele Menschen einen außerordentlichen Respekt vor allem, was man "Information" nennt. Dieser Respekt läßt viele von uns zu professionellen "Informations-Jägern und Sammlern" werden, sobald wir etwas Gedrucktes vor die Augen bekommen.

Vielleicht kennen Sie ja auch einen weitläufigen Bekannten, der noch stapelweise Hefte aus seiner Schulzeit sauber gebündelt nach Jahrgängen auf dem Dachboden hortet, damit bereits dreimal umgezogen ist, sich jedesmal wieder über all "den Plunder" ärgert, sich aber auch um keinen Preis von seinen Schulheften trennen würde. Stellvertretend für die Schulhefte können Sie auch "Zeitschriften" o.ä. setzen.

Denn wie sagt der Aphorismus: *"Wissen ist Macht."*

Wissen Sie, warum Wissen Macht ist? In den "guten alten Zeiten" waren wir in der Lage, die damals relativ bescheidenen Informationsmengen mit unserer Geisteskraft schnell und leicht

Vor einigen Jahren wurde in den Vereinigten Staaten ein Kartellverfahren gegen IBM angestrengt. Das Verfahren wurde schließlich eingestellt, wahrscheinlich weil man einsah, daß die USA die Stärke von IBM brauchten, um mit der immer stärker werdenden Konkurrenz Japans mithalten zu können. Es hieß jedoch auch, es habe einen anderen Grund gegeben: IBM legte so viele Dokumente vor (man munkelt: an die sieben Millionen!), daß kein Gericht mit dieser gewaltigen Informationslawine hätte fertig werden können. Wenn während des Prozesses der Richter stirbt, mußte man wieder von vorne anfangen. Und da Richter erst ernannt wurden, wenn sie relativ alt genug sind, um relativ weise zu sein, war durchaus zu erwarten, daß der Richter während des Verfahrens sterben würde.

in Wissen umzusetzen. Und auf der Grundlage dieses Wissens konnten wir Dinge tun, die wir vorher nicht tun konnten. Das Mehr an Wissen hat uns eine höhere **Handlungskompetenz** verschafft und damit meist auch mehr Macht.

Die andere Seite der Medaille ist erstens die zunehmende Informationsmenge und zweitens ihre abnehmende Bestandsdauer.

Es gibt einfach immer mehr zu wissen.

95% des menschlichen Wissens sind im 20. Jahrhundert entstanden. Zur Zeit verdoppelt sich das gesamte menschliche Wissenspotential alle fünf Jahre. Unsere Technologien, diese riesigen Informationsmengen zu verarbeiten, haben sich synchron dazu entwickelt und diesen Verlauf noch beschleunigt.

Dieser gewaltige Wissensumsatz führt zwangsläufig zu einer abnehmenden Bestandsdauer. Immer mehr Wissen veraltet immer schneller. Die Halbwertszeit des Wissens in vielen medizinischen Disziplinen beträgt zur Zeit gerade einmal noch 4,5 Jahre, d.h. nach 4,5 Jahren sind 50% dieses Wissens veraltet!

Daniel Burrus schreibt in seinem neuen Buch "Technotrends": "Diese explosionsartige Zunahme an (EDV)Verarbeitungsleistung wirkte wie eine nukleare Kettenreaktion und schleuderte eine riesige, pilzförmige Informationswolke empor. Ich behaupte, daß wir uns bei unserem Versuch, mit diesem Informations-Fallout fertig zu werden, immer noch auf dieselbe Methodik stützen wie in der Vergangenheit."

1950 mag es noch sinnvoll gewesen sein, die eigenen Schulhefte auf dem Dachboden zu archivieren, um "später einmal nachschauen zu können, wenn der Filius eine Frage hat". Heute jedoch leben wir im Zeitalter der "Just-in-time" Information, einem Zeitalter, in dem so manches Lexikon schon am Erscheinungstag veraltet ist.

Wir brauchen neue Strategien und Techniken im Umgang mit dieser Informationsflut und vielleicht auch einige neue Meta-Programme bezüglich unseres Umgangs mit Informationen.

Zum Nachdenken:

"Information ist nicht gleichbedeutend mit Wissen. Information ist eine Vorstufe von Wissen. Information ist es nur dann wert, zu Wissen gemacht zu werden, wenn sie uns ermöglicht, besser und schneller zu handeln, also unsere Handlungskompetenz zu erweitern."

Kapitel IV

DenkZeichen-Beispiel Nr.2: “Die 7-Schritt-Methode, ein Buch ganzhirnig zu lesen”

> "Die guten Leutchen wissen nicht, was es einem für Zeit und Mühe kostet, um lesen zu lernen.Ich habe achtzig Jahre dafür gebraucht und kann auch jetzt nicht sagen, daß ich am Ziel wäre."
> (J. W. von Goethe)

Hier erfahren Sie, wie Sie DenkZeichnungen beim Erarbeiten von schriftlichem Wissen einsetzen können.

Sehen Sie dieses Kapitel nicht als starre Methode an (Motto: “Nur so geht’s oder gar nicht!”), sondern als dynamische “box of instruments”, die Sie situationsbedingt einsetzen.

Swiss-Cheese Reading

Böse Zungen behaupten, ein Schweizer Käse sei der Käse, der mehr aus Löchern als aus Käse besteht. Lassen Sie mich diese Metapher auf die Bewältigung der täglichen Informationsflut anwenden. Auch hier sollten wir uns im klaren darüber sein, was "Loch" und was "Substanz" ist. Nicht wenige Medien enthalten nur einen relativ kleinen Anteil an "Substanz" und einen relativ hohen "Lochanteil".

(Hier könnte man dann auch sagen: Die Substanz ist Käse!)

Mit den folgenden Strategien werden Sie erstens schnell erkennen, ob die Textsubstanz Ihnen etwas bringt und zweitens die Substanz von den Löchern (= Füllmaterial) trennen, also das wirkliche *Protowissen* (= die Information, die zu mehr Handlungskompetenz führt) aus dem Text herausholen.

Schritt 1: Verschaffen Sie sich Überblick über das ganze Buch!

Wie Sie ja bereits wissen, liebt Ihre rechte Gehirnhälfte, den Überblick zu behalten. Sie will erst einmal "den ganzen Wald" erkannt haben, bevor es um "einzelne Bäume" geht. Mit anderen Worten: Im ersten Schritt geht es darum, den Text oder das Buch als Ganzes zu begreifen (versuchen Sie einmal, ein Puzzle mit 500 Teilen zusammenzusetzen, OHNE zuvor das Gesamtbild gesehen zu haben). Wenn Sie zuvor wissen, warum es im Großen und Ganzen in einem Buch geht, wird es Ihnen später beim

Der Schriftsteller George Bernhard Shaw pflegte von jedem Buch, das er las, eine kurze Inhaltsangabe zu machen, bevor er es überhaupt aufschlug.

Lesen weitaus leichter fallen, wichtige Details ein- und zuzuordnen und abzuspeichern.

Ein Buch will im Zusammenhang gelesen werden.
(Friedrich Rückert)

Widerstehen Sie also der Versuchung, gleich mit dem Lesen zu beginnen und überfliegen Sie zunächst all die Buchteile, die dazu geeignet sind, Ihnen einen schnellen Überblick zu verschaffen.

Überfliegen Sie
- den Umschlagtext
- die Texte in den Innenklappen des Umschlags
- das Inhaltsverzeichnis
- und - soweit vorhanden - auch Zusammenfassungen einzelner Buchkapitel.

Ihr rechtes Hirn hat nun einen Überblick über den Informationsstoff und kann Details besser in das Ganze integrieren.

Tip: Checkliste zur Literatur-Auswahl

Sollten Sie die Wahl zwischen mehreren Autoren zu einem Sachgebiet haben, kann folgender kleiner Test bei der Auswahl des richtigen Buches recht hilfreich sein:

Werfen Sie einen kurzen Blick ins **Literaturverzeichnis** des Buches. Finden Sie dort eine Reihe von Büchern aufgeführt, die Sie bereits kennen? Dann können Sie davon ausgehen, daß der Autor ein ähnliches Bezugssystem benutzt wie Sie, d.h. die Lektüre dieses Buches wird Ihnen recht leicht fallen, allerdings besteht die Gefahr, daß Sie durch dieses Buch auch relativ wenig Neues erfahren - und umgekehrt. Sind dort in erster Linie Bücher aufgeführt, die Sie noch nicht kennen, wird Ihnen die Lektüre dieses Buches schwerer fallen, aber auch eine Menge neue Informationen bieten können. Das Literaturverzeichnis kann Ihnen auch Anhaltspunkte über die Aktualität des Wissensstoffes geben. Die Erscheinungsjahre der zitierten Literatur geben Ihnen einen besseren Aufschluß über die Aktualität als das Erscheinungsjahr vorne im Impressum des Buches. Falls z.B. der Autor sein Werk mit dem Titel "Neueste Erkenntnisse der Hemisphärenforschung" schmückt, sich im Literaturverzeichnis dann jedoch vorwiegend auf Werke um 1950 stützt, ist etwas Skepsis angebracht.

Schritt 2: Machen Sie Ihre Grauen Zellen warm!

Bevor Sie an die Lektüre des ersten Kapitels gehen, werden Ihnen folgende beide Schritte dabei helfen, die neuen Informationen sehr schnell mit Ihrem vorhandenen Wissenspotential zu verbinden (geht schnell rein ins Hirn und bleibt auch dort) und zielgerichtet die für Sie wirklich relevanten Informationen aus dem Text zu ziehen.

Check 1: Mein Vorwissen (Was weiß ich bereits?)

Wenn Sie die Metallpfosten Ihres Gartenzauns neu streichen, ist es gut, vor der eigentlichen Farbe die Pfosten mit Haftgrund vorzustreichen. Das macht zwar etwas Arbeit, gewährleistet jedoch, daß die neue Farbe dann auch optimal auf dem alten Untergrund haften bleibt.

Ein ähnlicher Grundierungs-Vorgang ist auch vor dem Lesen sinnvoll. Ihr Gehirn versucht jede neue Information, die Sie aufnehmen, mit bereits bekanntem Wissen zu verbinden. Und je schneller diese Verbindung gelingt, um so schneller marschiert die neue Information in Ihr Gedächtnis.

Mit anderen Worten: Je bewußter Sie wissen, was Sie über das Thema bereits wissen, um so leichter wird es Ihnen fallen, sich neues Wissen anzueignen.

Machen Sie Ihr Gehirn also zunächst einmal warm, bevor Sie es mit neuen Informationen füttern:

Machen Sie sich vor dem Lesen bewußt:

1. Was weiß ich bereits über dieses Thema? (Mein Vorwissen)

2. Was fällt mir spontan zu diesem Thema ein? (Meine ersten Assoziationen)

3. Welche Bücher habe ich schon darüber gelesen?

4. Welche Autoren kenne ich?

5. Mit wem habe ich über das Thema gesprochen?

Je nach Verarbeitungstiefe des Textes kann es nützlich sein, dies in Form eines Maps schriftlich zu tun. Da es hier nicht vorrangig um Struktur und Ordnung geht, sondern darum, das unbewußte Wissen ins Bewußtsein zu rufen, eignet sich hierfür das **Clustering** besonders gut. Zeichnen Sie das Thema oder den Titel des Buches in den Mittelpunkt und analog zu den oben gestellten Fragen vier Hauptblasen:

1. Blase: Mein Vorwissen
2. Blase: Meine ersten Assoziationen
3. Blase: Bereits gelesene Literatur/Autoren
4. Blase: Darüber geführte Gespräche/Diskussionen

Nehmen Sie sich für dieses zielgerichtete Assoziieren zehn Minuten Zeit und zeichnen ein Cluster mit ALLEN Gedanken, die Ihnen dazu einfallen.

Check 2: Warum lese ich das eigentlich? (Das Ziel)

Erscheint Ihnen diese Frage banal? Dennoch - zwei oder drei investierte Minuten zu ihrer Beantwortung lohnen sich gewaltig. Ihr Motivationsgenerator namens Gehirn wird wenig Lust haben, sich mit all dem Buchstabensalat zu beschäftigen, wenn es nicht weiß wofür, warum es dies tun soll, für welches Ziel.

Einige Bücher soll man schmecken, andere verschlucken und einige wenige kauen und verdauen; das heißt, einige Bücher soll man nur teilweise lesen; andere ganz, doch ohne Neugier; und einige wenige vollständig mit Sorgfalt und Aufmerksamkeit." (Francis Bacon, engl. Philosoph im 17. Jh.)

Lesen Sie "nur so", oder weil Sie jemandem eine Zusammenfassung über den Text geben möchten? Oder lesen Sie, weil Sie Antworten auf bestimmte Fragen suchen? Auf welche Fragen?

Mit anderen Worten: Verschwenden Sie keine Zeit auf die weitere Lektüre des Buches, bevor Sie nicht genau wissen, ob und warum das Ganze für Sie Sinn macht.

Ein Seminarteilnehmer beklagte sich einmal bei mir über sein gar so schlechtes Gedächtnis.

Er könne sich kaum zwei Telefonnummern merken. Beim gemeinsamen Abendessen kam dann das Gespräch auf ein bestimmtes Fußball-Bundesligaspiel, das schon ein paar Jahre zurücklag. Prompt konnte uns genau jener Seminarteilnehmer die genaue Spieleraufstellung, das Ergebnis und sogar den Namen des Schiedsrichters nennen.

"Kannst Du Dich daran erinnern, wie es war, sich letzten Dienstag zu erinnern?" (Ludwig Wittgenstein)

Warum können wir uns manche Dinge gut merken und manche nicht? Weil unser Interesse über das bestimmt, was wir wahrnehmen. Oder mit anderen Worten: Das, was uns interessiert, nehmen wir viel bewußter wahr. Und bevor eine Information ins Gedächtnis gelangt, muß sie zunächst einmal wahrgenommen werden.

Bevor Sie ein Buch lesen, sollten Sie sich folglich bewußtmachen, WAS genau an diesem Buch Sie am meisten interessiert. Denn damit lenken Sie den Fokus Ihrer Wahrnehmung. Und dieser wird ein anderer sein, falls Sie das Buch "nur so zum Spaß" lesen oder ob Sie herausfinden möchten, wie der Autor zu diesem oder jenem Thema steht.

Kurzum: Je genauer Sie Ihr **Leseziel definieren**, um so intensiver lenken Sie Ihre Aufmerksamkeit und Konzentration auf die relevanten Informationen und lassen sich zudem weniger von den "Löchern im Käse" ablenken. So gewinnen Sie eine Menge Zeit, da Sie keine Texte mehr lesen, die Sie nicht interessieren.

Tip: Bei sehr umfangreichen Büchern kann es nützlich sein, diesen Vorgang pro Kapitel zu tun.

Schritt 3: Lesen per Helikopter

Für das Lesen sollten Sie folgende Dinge zur Hand haben:

- einen Stift (Bleistift, Faserstift o.ä.)
- einen Textmarker
- einen kleinen Block *Post-Its* (Das sind diese kleinen Klebezettelchen. Für unsere Zwecke sind jene in Streichholzschachtelgröße am besten geeignet.)

Stellen Sie sich einmal vor, Sie würden mit einem Helikopter über ein unbekanntes Land fliegen, um es näher zu erkunden. Aus großer Höhe würden Sie sich zunächst einen Überblick über die Struktur des Landes machen. Gibt es da unten Dörfer, Seen oder Wälder? Sobald Sie etwas näher interessiert, fliegen Sie tiefer und schauen sich Details an, z.B. gibt es Menschen in den Dörfern? Kann man in den Seen baden?

Sie merken sich diese **Details im Gesamtzusammenhang**, steigen wieder auf, um weiterzufliegen bis zum nächsten Punkt, der Sie mit interessanten Details lockt.

Auf ähnliche Weise "überfliegen" Sie mit Ihren Augen das erste Buchkapitel. Oder sollte es ein längeres Kapitel sein, die ersten 12 bis 15 Seiten. Nur dort, wo Ihre Augen auf etwas besonders Interessantes im Text stoßen, "gehen Sie etwas tiefer" und schauen sich diese Stelle genauer an. Achten Sie beim Überfliegen des Textes besonders auf typographische Besonderheiten, also ob Wörter unterstrichen, *kursiv* oder **fett** hervorgehoben sind. Hierdurch soll der Leser ja auf besonders wichtige Textteile aufmerksam gemacht werden.

Nehmen Sie den **Textmarker** zur Hand und markieren Sie intuitiv, was Ihnen auffällt.

Erstens verstärken Sie durch das Markieren den Aufmerksamkeitswert der Information. Sie nehmen die Information also bereits während des Lesens weitaus bewußter wahr. Zweitens reduzieren Sie dadurch den Text auf wenige Schlüsselstellen.

Gehen Sie möglichst sparsam mit dem Marker um. Ich stelle immer wieder fest, daß das "Jäger und Sammler-Programm" in unserem Gehirn aus Angst, es könnte etwas Wichtiges übersehen werden, lieber mehr markiert als zu wenig. So manche Buchseite, die vor dem Lesen noch jungfräulich weiß war, ist dann in ein leuchtendes Gelb getaucht, was recht wenig Sinn macht.

Markieren Sie keine ganzen Textabschnitte, sondern möglichst nur sinnträchtige Schlüsselwörter wie Substantive und Verben.

Gehen Sie dabei dennoch nicht allzu analytisch und selbstkritisch bei der Auswahl Ihrer Markierungen vor. Vertrauen Sie auf den Spürsinn Ihrer rechten Gehirnhälfte. Sie wird in der Auswahl der Schlüsselwörter überraschend treffsicher sein. Sollte Ihnen der Autor keine Schlüsselwörter anbieten, dann finden **Sie eigene aussagekräftige Schlüsselwörter** und schreiben diese an den Buchrand.

Nun gibt es in jedem Buchkapitel auch Textabschnitte, die Sie sich wörtlich merken wollen, also nicht in einem Schlüsselwort codieren möchten oder können, z.B. Zitate oder Sentenzen. Jetzt kommen die **Post-Its** zum Einsatz.

Schreiben Sie das Zitat, oder was immer Sie wörtlich übernehmen möchten, auf so ein Klebezettelchen, schreiben die Seitenzahl des Buches dazu, auf der Sie die Information entnommen haben und kleben es an den Rand der Buchseite - wie eine Art Lesezeichen.

Vielleicht werden Sie mir jetzt entgegenhalten, daß durch dieses schnelle Überfliegen etwas Relevantes übersehen werden kann. Dann verwechseln Sie bitte erstens "schnell" nicht mit "hastig". Zweitens erinnern Sie sich bitte an den Zusammenhang zwischen Interesse und Wahrnehmung. Sie werden das wahrnehmen, was für Sie von Interesse ist. Sie werden im Text alle relevanten Stellen finden und nichts übersehen, wenn...

... Sie sich vorher (im Schritt 2) intensiv bewußt gemacht haben, was Sie finden möchten, was Sie interessiert, welche Antworten Sie auf welche Fragen suchen - kurzum: welches Ziel Sie mit der Lektüre verfolgen.

Schritt 4: Das Map zeichnen und die Schlüsselwörter übertragen

Übertragen Sie nun alle markierten oder selbst formulierten Schlüsselwörter aus dem Kapitel (bzw. aus den ersten 10 bis 15 Buchseiten) in das Map. Oftmals ist es nützlich, zu den Schlüsselwörtern auch die Seitenzahl zu schreiben, auf die sich der Begriff im Buch bezieht. Die

Beispiel eines denk-gezeichneten Buches

…ITION
AUSDRUCK
EINZIGARTIGKEIT
PRÄMISSE
NEU
SINNVOLL
BASIS
…ZIGARTIGKEIT
UN-GLEICHHEIT
TALENTE
-WEISEN
PROBLEM
DUALITÄT
INDIVIDUALIST
GRUPPENMITGLIED
HISTORIE
GRUPPENDENKEN
BEQUEM
SICHER
INDIVIDUALISMUS
GEFÄHRLICH
…RKMALE
SELBSTVERW.
A. MASLOW
REALITÄT
EXAKT
OBJEKTIV
AKZEPTANZ
DOPPELDEUTIGKEITEN
SICH SELBST
ANDERE
SPONTANITÄT
ECHT
NATÜRLICH
KONZENTRATION
CHAOS
…RDNUNG
…UNGEN
NEU
UNGEWÖHNLICH
…ERBINDUNGEN
…DES

Post-Its entnehmen Sie und kleben Sie in die nähere Umgebung des Kapitel-Hauptastes.

Übrigens macht es Sinn, zusätzlich eigene Ideen, wichtige Gedanken oder Assoziationen, die Ihnen beim Lesen einfallen, auch in Ihrem Map festzuhalten. Dies schafft wiederum die Verbindung zwischen neuem und bereits bekanntem Wissen und erleichtert Ihnen damit die Integration der neuen Informationen. Die Gefahr, diese Gedanken später dann dem Autor zuzuordnen, obwohl die Quelle ganz anderen Ursprung hatte, vermeide ich dadurch, daß ich hierfür durchgehend durch das ganze Map eine besondere Farbe verwende, die dann "Fremdeinflüsse" bezeichnet.

Wiederholen Sie den dritten Schritt *"Überfliegen"* und den vierten Schritt *"Map zeichnen und übertragen"* solange, bis Sie etwa 40 bis 50 Seiten des Buches auf diese Weise in Map-Form umgesetzt haben. Je nach Ihrer Zielsetzung können Sie nun im fünften Schritt damit beginnen, diese 40 bis 50 Seiten in gewohnter Weise zu lesen, um noch etwas mehr in die Tiefe zu gehen.

Oder aber Sie gehen das gesamte Buch in dieser Weise durch.

Wie viele Maps sind pro Buch angebracht?

Bei sehr umfangreichen Büchern mit umfangreichen Kapiteln ist es meist übersichtlicher, pro Kapitel ein Mind Map anzufertigen. Bei dünneren Taschenbüchern reicht oftmals ein DIN A3 Map aus.

Welche Struktur der Hauptäste ist am geeignetsten?

Jeder Text hat eine ganz spezifische Struktur, die sich in der Struktur Ihres Maps widerspiegeln sollte. Hin und wieder ist es recht schwierig, diese Struktur gleich beim Überfliegen des ersten Kapitels zu erkennen. Aber irgendwie müssen Sie Ihr Map ja organisieren. Ich beginne in solchen Fällen einfach mit dem ersten Hauptgedanken des Kapitels auf dem 13.00 Uhr Hauptast. Den nächsten Hauptgedanken des Kapitels schreibe ich dann auf einen nächsten Hauptast im Uhrzeigersinn (=14.00 Uhr Ast) usw.

(Der Startpunkt 13.00 Uhr ist eine von mir beliebig gewählte Konvention. Sie können genauso gut mit jedem anderen Hauptast beginnen.)

Schritt 5: Vertiefen und Map ergänzen

Falls Ihr Forschergeist noch nicht mit der bisher erreichten Wissenstiefe zufrieden ist, können Sie JETZT diese ersten 40-50 Seiten in gewohnter Weise (Zeile für Zeile) lesen und mit den zusätzlichen Erkenntnissen und Infos Ihr Mind Map sofort ergänzen.

Schritt 6: Intelligentes Aufarbeiten und Vertiefen des Wissens

Sie haben es geschafft!

Das Buch ist nicht nur gelesen, sondern vor Ihnen liegt als Ergebnis ein (oder auch mehrere Maps), in denen Sie in gehirngerechter Weise

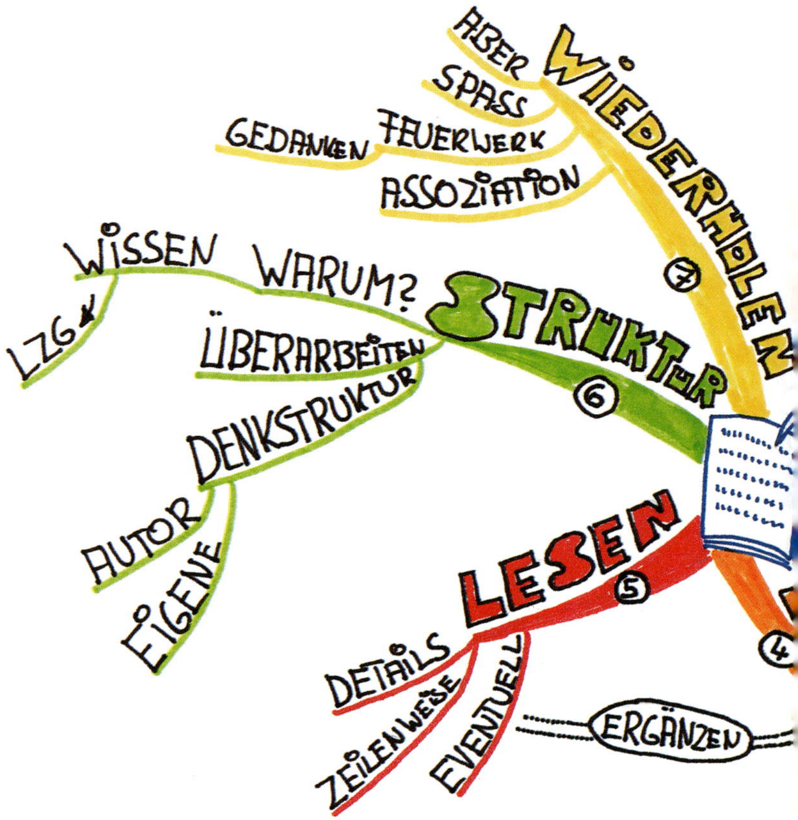

Zusammenfassung: Ein Buch mappen

BRAUCHT
ÜBERBLICK
WARUM?
INHALTSVERZEICHNIS
KLAPPENTETXT
UMSCHLAGTEXT
ZUSAMMENFASSUNG
GRAFIKEN
1
CHECK
2
VORWISSEN
BÜCHER?
AUTOREN?
GESPRÄCHE
LESEZIEL?
LESEN
3
MATERIAL
STIFT
MARKER
POST-ITS
MARKIEREN
-WORTE
EIGENE?
TEXTMENGE
1 KAPITEL
MAX. 15 S.
PAPIER DIN A3
BLANKO
-WORTE ÜBERTRAGEN
MAP
POST-ITS ÜBERTRAGEN
MAP

den Inhalt zusammengefaßt und geordnet haben. Allein durch das aktive Tun, mit dem Sie nun das gesamte Buch in Mind Map-Form umgesetzt haben, ist eine Vielzahl der Informationen bereits in ihrem Langzeitgedächtnis eingespeichert worden.

Je nachdem, wie wichtig das Buch für Sie ist, können Sie mit den folgenden beiden Schritten Ihr Wissen über das Buch noch weiter perfektionieren:

Umstrukturieren des MindMaps

Das Map, das Sie über das Buch angefertigt haben, spiegelt zunächst einmal die Denkstruktur und Logik des Buchautors wider. Und diese muß nicht zwangsläufig Ihrem Verständnis entsprechen.

So werden Sie vielleicht sagen: *"Nein, also dieser Abschnitt X paßt doch viel besser in das Kapitel Y!"*

Es kann deshalb durchaus sinnvoll sein, das ursprüngliche Mind Map in Ihre "Denke" zu übersetzen, indem Sie es nochmals neu zeichnen.

Lohn dieser Mühe ist ein besseres Verständnis und ein nochmaliges Verankern des Stoffes im Langzeitgedächtnis.

Schritt 7: Wiederholen, aber bitte intelligent

Es ist nun mal so, daß die Informationen, die wir uns angeeignet haben, mit der Zeit im Gedächtnis wieder verblassen. Intelligente Wiederholungen des Stoffes sichern nicht nur, daß die Informationen im Langzeitgedächtnis gespeichert werden, sondern können zudem auch noch Spaß machen (im Gegensatz zu dem stupiden Wiederholen, das so mancher von uns während seiner Schulzeit erlitt, als er Vokabeln büffeln mußte (tisch = table, tisch = table, tisch = table usw. usw.)).

Mit Maps wird das Wiederholen zum Kinderspiel:

1. Übernehmen Sie von jedem Map, das Sie über das Buch gezeichnet haben, NUR die Hauptäste in ein neues Mind Map. Lassen Sie zwischen diesen Hauptästen genügend Platz. Zeichnen Sie pro Map maximal 5 Hauptäste.

2. Kopieren Sie diese(s) Maps drei- bis viermal.

3. Wenn Sie das erste Mal den Stoff wiederholen möchten, nehmen Sie sich eine dieser Kopien zur Hand.

4. Widmen Sie jedem Hauptast ca. fünf bis sieben Minuten und ergänzen die Hauptäste mit all den Gedanken, die Ihnen assoziativ dazu einfallen.

5. Nach diesem Gedanken-Feuerwerk kontrollieren Sie Ihre Behaltensquote, indem Sie dieses Map mit dem kompletten Orginal-Map vergleichen.

- Wo hatten Sie Schwierigkeiten?
- Was ist Ihnen nicht mehr eingefallen?

Ergänzen Sie die fehlenden Informationen in einer besonderen Farbe.

"Es ist interessant, die geistige Verfassung von Menschen, die regelmäßig wiederholen, und von solchen, die das nicht tun, miteinander zu vergleichen. Die letzteren stopfen ständig neue Informationen in sich hinein und vergessen sie wieder. Sie werden es zunehmend schwieriger finden, neue Informationen aufzunehmen, weil sie das Grundwissen nicht zur Verfügung haben, das sie zum Verständnis neuer Informationen benötigen. Ganz anders verhält es sich bei Menschen, die regelmäßig wiederholen. Sie werden feststellen, daß ihr ständig wachsender Vorrat an verfügbarem Wissen neue Informationen mühelos aufnimmt und verarbeitet ... Zu ihrer Überraschung stellen sie fest, daß es ihnen, je mehr sie lernen, um so leichter fällt, noch mehr zu lernen." (Tony Buzan)

Nach zwei oder höchstens drei Wiederholungen dürfen Sie sicher sein, daß der Wissensstoff sicher im Langzeitgedächtnis gelandet und auch jederzeit wieder abrufbereit ist.

Tip: Ihre Wiederholungen sollten sich nach der Vergessenskurve richten. Die erste Wiederholung sollte nach 24 Stunden stattfinden und am ausführlichsten sein. Die zweite Wiederholung nach einer Woche und die dritte Wiederholung nach einem Monat und - falls notwendig - eine letzte Wiederholung nach sechs Monaten.

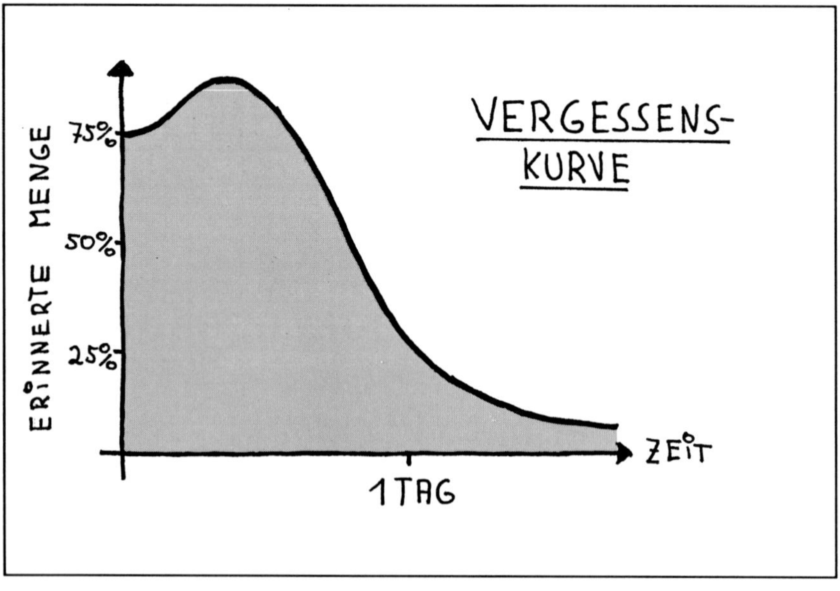

DenkZeichen-Beispiel Nr.3: Simultan-Maps

In meinen Seminaren lasse ich hin und wieder eine fünfminütige Nachrichtensendung simultan mitmappen. Im Vorfeld finden viele Teilnehmer diese Übung viel zu einfach und damit langweilig. Sobald dann der Cassettenrecorder läuft, herrscht bei dieser "langweiligen" Übung eiserne Ruhe. Alles hört hochkonzentriert zu. Und nachdem die Sendung zu Ende ist, stöhnen eine ganze Menge Teilnehmer auf, wie schwer die Übung doch war.

"Die Natur hat den Menschen mit einer Zunge ausgestattet, aber mit zwei Ohren, damit er von den anderen zweimal so viel hört wie er selber sagt." (Epiktet)

Die Behaltensquoten sind dennoch außergewöhnlich gut. Viele haben selbst den Namen des Nachrichtensprechers registriert und meinten, *"daß das Zuhören eine ganz andere Qualität dadurch bekam, daß man versuchte, das Gehörte in ein Map umzusetzen."*

Eine amerikanische Studie besagt, daß Menschen im Durchschnitt 135 Wörter pro Minute sprechen, jedoch zwischen 400 und 800 Wörter pro Minuten gedanklich aufnehmen können.

"Hören ist eine Funktion der Ohren. Zuhören ist eine Funktion unseres Geistes." (Joyce Wycoff)

Was glauben Sic, was Ihr Gehirn in dieser quasi verarbeitungsfreien Zeit tut, die dadurch entsteht, daß Ihr Gehirn Informationen schneller aufnehmen, als der Sprecher sie sprechen kann? Da das Gehirn niemals nichts tut, sucht es sich eine andere Beschäftigung (Muster des Teppichbodens studieren, aus dem Fenster schauen oder die Karos auf dem Schreibblock ausmalen usw.). Landläufig nennen wir solch ein Abschweifen der Gedanken dann "Konzentrationsschwierigkeiten", obwohl wir uns eigentlich über diesen "Bewegungsdrang unseres Geistes" freuen sollten.

O.k., man kann vielleicht auch nicht immer bei der Sache sein. Manchmal ist es auch schön, sich ablenken zu lassen.

Diese "Gehirnfreizeit" können Sie aber auch dazu benutzen, um ein tieferes Verständnis über das Gesagte zu bekommen, gleich ob es sich dabei um einen Vortrag, eine Vorlesung oder eine Besprechung handelt. Und zwar bereits während Sie noch zuhören. Das erspart Ihnen eine Menge Zeit (späteres Nacharbeiten zu Hause) und erlaubt Ihnen bei Verständnisproblemen sofort beim Sprecher nachzuhaken. Wenn Sie mit Maps Notizen machen, werden Sie ganz automatisch das, was Sie hören, hinterfragen, in den Gesamtzusammenhang einordnen und paraphrasieren, d.h. mit Ihren eigenen Worten wiedergeben.

Für den Anfang sollten Sie sich für die Simultan-Maps ein relativ leichtes Trainingsfeld suchen. Versuchen Sie deshalb nicht gleich zu Beginn ein wichtiges Meeting mitzumappen, sondern vielleicht eine **TV- oder Radio-Sendung**.

Falls Sie einen Videorecorder besitzen, nehmen Sie die Sendung mit dem Videorecorder auf. Hinterher können Sie dann abgleichen, was Sie übersehen oder überhört haben. Eine TV-Sendung ist etwas leichter zu mappen als eine Radiosendung, da hier ja zwei Sinneskanäle im Einsatz sind.

Zum Üben gut geeignet sind z.B. Wirtschaftssendungen, wie beispielsweise "MONITOR" oder "WISO". Beide Sendungen sind (meist) gut durchstrukturiert, und man bekommt als Zuschauer zunächst einen Themenüberblick, mit dem man schon einmal die Hauptäste anlegen kann. Auch anspruchsvolle Talk-Shows sind ein gutes Übungsobjekt; z.B. können Sie für jeden Gast einen Hauptast anlegen.

Es macht nicht nur viel Spaß, sondern trainiert zudem Ihre Wahrnehmungsfähigkeit, wenn Sie **einen guten (noch unbekannten) Spielfilm** mitmappen.

Falls Sie **Maps in Besprechungen und Meetings** einsetzen möchten, können Sie zwei Fliegen mit einer Klappe erschlagen: Zeichnen Sie bereits Ihre Besprechungsvorbereitung als Map (Welche Dinge will ich ansprechen? Welche Unterlagen brauche ich?). Zeichnen Sie dieses Map nur mit einer Farbe und sehr großzügig, d.h. lassen Sie viel Platz zwischen den einzelnen Ästen. In der Besprechung können Sie dann die Ergebnisse in dieses bestehende Map mit einer anderen Farbe hineinzeichnen. So haben Sie beides in einem: Vorbereitung und Protokoll.

Ein hervorragendes Trainingsfeld für Simultan-Maps sind **Telefonate** jeglicher Art, ganz gleich ob Sie anrufen oder angerufen werden, ob es sich um ein privates oder berufliches Telefonat handelt.

Sie werden angerufen...

Bei einem ungeplanten Gespräch weiß man ja

zunächst oftmals nicht, was der Anrufer möchte, wie sich das Telefonat entwickelt und wie lange das Gespräch dauern wird. Auch das Hauptthema läßt sich hier nicht vorab festlegen. Am einfachsten ist es, wenn Sie den Namen des Anrufers in den Mittelpunkt Ihres Maps schreiben. Widmen Sie sich dann den Haupt- und Nebenästen. Hin und wieder wird es vorkommen, daß Ihnen kein Schlüsselwort für einen Ast einfällt. Zeichnen Sie in solch einem Fall den Ast zunächst einmal ein, ohne ihn zu benennen.

Sie rufen an...

"Die 5-Schritt-Methode des Telefonierens:
1. Hörer abheben
2. Wählen
3. Sprechen
4. Auflegen
5. Denken (was wollte ich denn eigentlich ...?"

Ich selbst bin kein großer Freund allzu umfassender Telefonvorbereitungen. Aber ein berufliches Telefonieren nach der 5-Schritt-Methode ist mir ein Greuel. Ich ärgere mich dann selbst, wenn mir ein wichtiger Kernpunkt, den ich ansprechen wollte, just in dem Moment wieder einfällt, wenn ich aufgelegt habe.

Dagegen hilft folgendes: Bevor ich in "John-Wayne-Manier" spontan zum Telefonhörer greife, weil mir gerade einfällt, daß mein Auto zur Inspektion muß, mache ich das "EIN-MINUTEN-MAP". Eine Minute lang sammle ich per Mind Map oder Cluster all die Punkte, die ich ansprechen möchte.

Das Mappen während des Telefonierens überzeugt meist auch die größten Kritiker des Denk-Zeichnens. Im Gegensatz zum linearen Notieren behält man einen klaren Überblick über den Gesprächsverlauf. Selbst wenn der Gesprächspartner sehr unsystematisch redet, kann so manches verbale Chaos bereits beim Notieren in eine übersichtliche Struktur gebracht werden. Zudem fällt Ihnen sofort auf, wenn Ihr Gegenüber etwas ankündigt, z.B. daß er umgezogen ist, dann aber zu anderen Themen übergeht, ohne die angekündigte Information (seine neue Adresse) auch zu nennen.

DenkZeichen-Beispiel Nr. 4: TO-DO-Maps

Mit TO-DO(= zu erledigen)-Maps planen Sie Ihre Aufgaben auf Wochenbasis übersichtlich, zeitsparend und mit viel Spaß.

"Ein kurzer Stift ist besser als ein langes Gedächtnis." (Konfuzius)

Und so gehts...

Es gibt viel zu tun - packen wir es an. Und damit man es nicht vergißt, ist es besser, wenn man es sich aufschreibt.

In den über 200 Zeitplan-Seminaren, die ich in den letzten Jahren moderiert habe, wurde ich immer wieder gefragt: *"Wird man durch das viele Aufschreiben nicht noch viel vergeßlicher?"* Das Gegenteil ist der Fall, wie viele Untersuchungen belegen, wenn man intelligente Notizen macht.

Die Bierdeckelmethode

Nicht sehr intelligent ist z.B. die *Bierdeckelmethode*: 1. Wichtige Idee auf den Bierdeckel - 2. Bierdeckel in die Hose - 3. Hose in die Reinigung - 4. Idee futsch.

Weitaus effektiver ist es, wenn man sich die

Vorteile eines Zeitplanbuches zunutze macht: klein - handlich - überall dabei - und allzeit bereit. Mind Maps passen hervorragend als Ergänzung zur Planung per Zeitplanbuch. Hier ein Vorschlag zu einer rationellen TO-DO-Liste, also einer Liste mit Aufgaben, die noch zu erledigen sind. Vielen meiner Teilnehmer waren die traditionellen TO-DO-Listen einfach zu "kästchenhaft", zu unflexibel und einengend. Unter vorgehaltener Hand beichteten mir Teilnehmer, daß sie Aufgaben oftmals erst NACH der Erledigung auf das Formular eintrugen - wohl um das strukturliebende linke Gehirn im nachhinein wieder etwas zu besänftigen. Oder weil sie das Gefühl hatten, dieses Ausarbeiten der TO-DO-Listen für jemand anderes zu machen, als würden sie dafür belohnt.

Beherrschen Sie neben der edlen Kunst, Dinge zu erledigen, die edle Kunst, Dinge unerledigt zu lassen. Die Weisheit des Lebens liegt im Aussondern alles Unwesentlichen." (Lin-Yü-Tang, chin. Schriftsteller)

Sehr zufrieden waren sie mit dieser Arbeitsweise jedoch nicht - vom Spaß, den diese Arbeit machte, gar nicht zu reden. Ich möchte Ihnen eine Möglichkeit zeigen, wie Sie mit Mind Maps die Dinge managen können, die Sie täglich erledigen müssen oder wollen.

TO-DO-Maps haben folgende Vorteile:

- Sie sind **übersichtlich**. Sie haben jederzeit den Überblick, was bereits erledigt ist und was Sie noch zu erledigen haben - und das auf einer einzigen DIN A4 Seite.

- Sie sind **individuell**. Jede Woche, jeder Tag in Ihrem Leben ist einzigartig. In den TO-DO-Maps können Sie dem Rechnung tragen. Jedes TO-DO-Map wird so einzigartig sein, wie die Zeit, in der Sie diese Dinge erledigen.

- Sie **sparen Zeit**. Unnötige Übertragungsarbeit entfällt zu 100 Prozent.

What's to do?

Und so erstellen Sie ein TO-DO-Map:

1. Schritt : Das Equipment

Verwenden Sie ein möglichst großes Papierformat. DIN A5 wird sehr knapp, DIN A4 ist besser und A3 eignet sich hervorragend dafür (ist allerdings etwas unhandlich). Verwenden Sie es, wie gewohnt, im Querformat. Da Sie das TO-DO-Map dann im täglichen Einsatz recht hart hernehmen werden, rate ich Ihnen von lose fliegenden Blättern dringend ab: Sie können zum Beispiel für Ihr TO-DO-Map das altbewährte Klemmbrett wieder reaktivieren, das seit Jahren bei jeder Inventur seine Dienste tut.

"Gegenüber der Fähigkeit, die Arbeit eines einzigen Tages sinnvoll zu ordnen, ist alles andere ein Kinderspiel."
(J.W. von Goethe)

Als neudeutsch "CLIPBOARD" erfährt es seit einiger Zeit wieder eine Renaissance, ist deshalb nicht nur gesellschaftsfähig, sondern dient auch manchem als äußeres Merkmal einer "neuen (inneren?) Bescheidenheit". Kostenpunkt: von DM 4,80 bis hin zum Alu-Designermodell mit DM 86.- Oder Sie lassen sich im nächsten Copy-Shop ungefähr zweiundfündzig Blatt gutes Blanko-Papier (siehe Kapitel "Equipment") per Ringspirale zu einem Block zusammenbinden. Vorne eine Klarsichtfolie und hinten ein Stück stärkerer Karton miteingebunden und fertig ist ein günstiger und praktischer Arbeitsblock zum Mappen.

2. Schritt: Der Mittelpunkt

In der Mitte jedes Maps steht das Thema. Zu Beginn ist es am einfachsten, einen Kreis zu zeichnen, ein grafisch schön gestaltetes TO-DO“ und die aktuelle Kalenderwoche (z.B. 15. KW) als Fokus in den Kreis zu schreiben. (Das hier beschriebene TO-DO-Map bezieht sich auf den Zeitrahmen einer Woche.)

Sollte Ihnen das zu nüchtern und zu kalt sein, nehmen Sie sich ein paar Minuten Zeit zum Nachdenken:

Was wird es Besonderes in der Woche geben? Vielleicht ein Ereignis, auf das Sie sich freuen? Oder vielleicht haben Sie Geburtstag in der Woche, oder vielleicht beginnt auch nur der Apfelbaum in Ihrem Garten zu blühen?

Versuchen Sie doch einmal, solch ein Highlight als kleine Skizze, als Bild oder Grafik im Mittelpunkt Ihres TO-DO-Maps für die nächste Woche festzuhalten.

3. Schritt: Hauptaufgabenbereiche als Hauptäste

Überlegen Sie, wie sich Ihre Aufgaben vorwiegend aufteilen. Telefonieren Sie viel? Dann sollte es einen Hauptast “TELEFON” geben. Oder haben Sie sich für nächste Woche viel im Garten vorgenommen? Dann zeichnen Sie einen Hauptast “GARTEN” an den Mittelpunkt.

Legen Sie also für jeden Ihrer Hauptbereiche einen Ast an. Und wenn Sie Lust dazu haben, dann können Sie die Äste und die Schlüsselwörter auf den Ästen mit etwas Grafik sinnträchtiger gestalten.

Als Ideenangel habe ich Ihnen hier einige TODO-Hauptäste aufgezeichnet:

TELEFON
SCHREIBEN
BESPRECHEN
CITY (= Einkaufen)
HIRNEN (= Nachdenken)
NoN = NOW OR NEVER (= jetzt oder nie)
DRINGEND + WICHTIG
FAMILIE, HOBBYS, GESUNDHEIT.

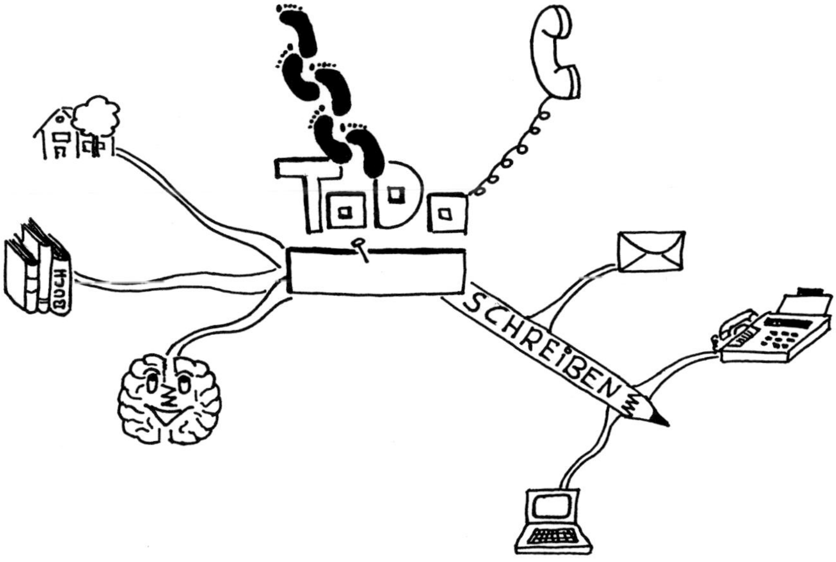

Die Hauptaufgabenbereiche als Hauptäste

So, nun steht das Gerüst Ihres TO-DO-Maps. Falls Sie mit der Anordnung und dem Layout des Maps soweit zufrieden sind, können Sie es ein paarmal kopieren, um damit für die kommenden TO-DO-Maps schon die Grundlage zu haben.

Ihre Maps verlieren dadurch zwar etwas an Individualität (das Grundgerüst ist jede Woche das gleiche), Sie ersparen sich dadurch jedoch die Arbeit, die Hauptäste jede Woche neu zeichnen zu müssen.

4. Schritt: Aktivitäten an die Hauptäste

"Man muß die Dinge so nehmen, wie sie kommen. Aber man sollte dafür sorgen, daß sie so kommen, wie man sie zu nehmen wünscht." (Kurt Götz)

Nehmen Sie sich 15 möglichst ruhige Minuten (z.B. am Sonntag abend) und das bisher erstellte Gerüst Ihres TO-DO-Maps zur Hand. Tragen Sie nun alle Aufgaben und Aktivitäten in das TO-DO-Map ein, die Sie in der kommenden Woche erledigen müssen oder wollen.

Als Beispiel: Die Geschäftspartner oder Freunde, die Sie in der kommenden Woche anrufen möchten, bekommen am Hauptast TELEFONATE jeweils ein Zweiglein mit Namen und dem Anlaß des Telefonates zugewiesen. Am besten schreiben Sie auch gleich die Telefonnummer dazu. So ersparen Sie sich später die Sucherei, und das Telefonieren kann flott hintereinander erledigt werden.

Dieses Hinzutragen der Aktivitäten an die Hauptäste ist natürlich am Sonntag abend nicht abgeschlossen. Während der Woche ergeben sich eine Vielzahl weiterer Aufgaben, die Sie dann einfach an den passenden Hauptast anzeichnen.

5. Schritt: Was ist MORGEN zu tun?

Was Sie nun brauchen, ist ein gelber Textmarker. Mit ihm streichen Sie alle Aufgaben und Aktivitäten an, die Sie am darauffolgenden Tag z.B. am Montag erledigen wollen. Als letzten Schritt ziehen Sie mit diesem Textmarker in eine Ecke Ihres Maps noch einen ca. 3 cm langen Balken und schreiben in diesen gelben Balken mit schwarzem Filzstift das Datum des morgigen Montags.

Mit dieser Aktion haben Sie mit einem Streich alle gelb markierten Aufgaben dem Montag zugewiesen.

Und falls Sie jetzt noch das i-Tüpfelchen auf Ihr TO-DO-Map setzen möchten, können Sie für jede Aufgabe noch Prioritäten vergeben. Diese ganze Aktion dauert meist nicht einmal 15 Minuten, zeigt sehr übersichtlich und geordnet, welche Aufgaben in der nächsten Woche auf Sie warten. Aber lassen Sie uns anschauen, wie es sich mit diesem TO-DO-Map im Alltag arbeiten läßt.

6. Schritt: Die tägliche Arbeit mit dem TO-DO-Map

Am Montag früh empfängt Sie nun nicht eine monotone, schlichte und triste Liste, die Ihnen mit dem Charme eines verregneten Novembermorgens entgegenblickt, sondern....

... ein fröhlich buntes, aber übersichtliches Netz von Aufgaben, das bereits beim Anschauen Spaß macht.

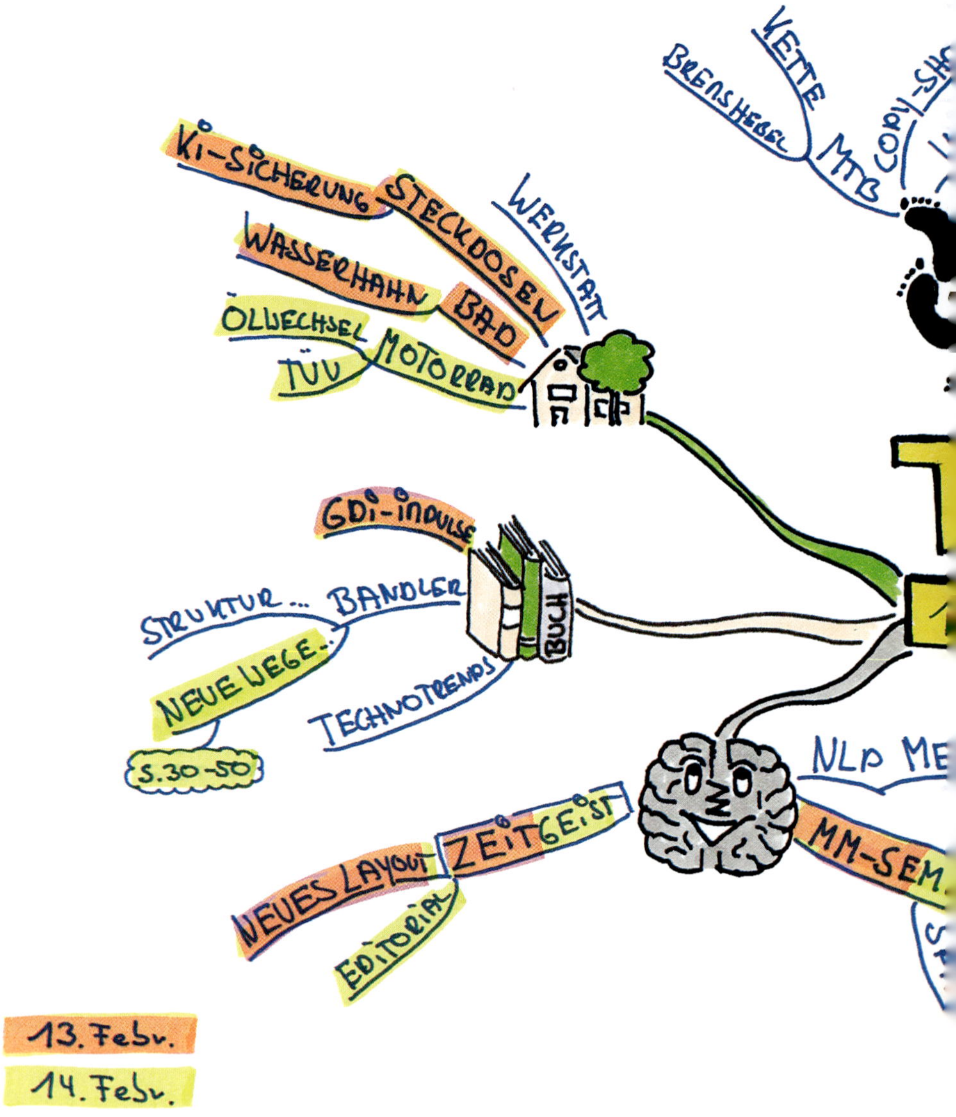

Beispiel eines TO-DO-Maps

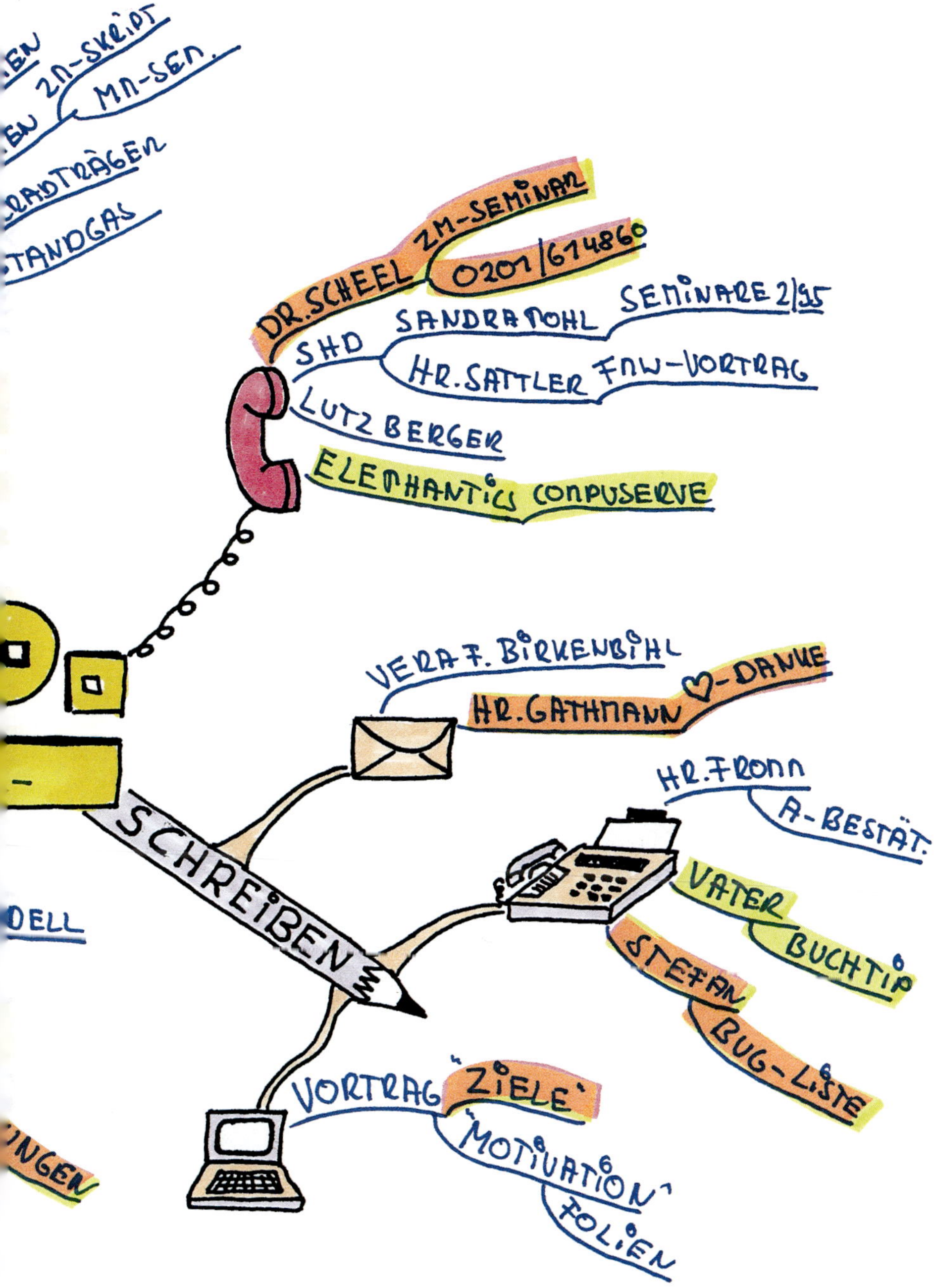

ZM-SKRIPT
MM-SEM.
DR. SCHEEL
ZM-SEMINAR
0201/614860
SHD
SANDRA MOHL
SEMINARE 2/95
HR. SATTLER
FMW-VORTRAG
LUTZBERGER
ELEPHANTICS
COMPUSERVE
VERA F. BIRKENBIHL
HR. GATHMANN
-DANKE
HR. FROMM
A-BESTÄT.
VATER
BUCHTIP
STEFAN
BUG-LISTE
SCHREIBEN
VORTRAG
"ZIELE"
"MOTIVATION"
FOLIEN

Was Sie nun noch brauchen, ist ein Textmarker in der Farbe PINK. Dieser Marker ist sehr wichtig, denn er ist zuständig für Ihre Erfolgserlebnisse. Jedesmal wenn Sie eine der gelb (= HEUTE) markierten Aufgaben erledigt haben, ziehen Sie über die gelbe Markierung der Aufgabe einen dicken Balken in PINK.

GELB plus PINK gibt ORANGE. ORANGE heißt also: Aufgabe ist erledigt! Und je mehr sich das Orange auf Ihrem Blatt ausbreitet, desto besser wird Ihre Stimmung werden.

Tip: Bei größeren Aufgaben, die nicht in einem Zug zu erledigen sind, können Sie den PINK-Marker auch als "Fortschritts"-Anzeiger benutzen: Aufgabe zur Hälfte erledigt - Gelben Balken zur Hälfte mit Pink auffüllen usw.

Wie viele Wochen-Aufgaben Sie bereits am Sonntag vorhersehen und planen konnten und wie viele Aufgaben sich während der Woche noch aus dem Alltagsgeschäft heraus entwickeln, hängt maßgeblich von Ihrem Arbeitsbereich ab. Neue Aufgaben, die während der laufenden Woche auf Sie zukommen, zeichnen Sie einfach an die betreffenden Hauptäste.

Gerade diese offene Struktur der Maps, überall und jederzeit etwas hinzufügen zu können, zeichnet sie für die Anwendung von TO-DO-Maps aus.

Am Montag abend hat Ihr TO-DO-Map nun sicher schon gewaltig an orange eingefärbten Aufgaben zugenommen. Auch wenn hier und dort noch eine gelbe Markierung (= Aufgabe noch nicht erledigt) ins Auge blitzt.

7. Schritt: Feierabend

Was nun noch zu tun wäre, ist ...

1) sich selbst einmal auf die Schulter zu klopfen,
2) dann die gelbe Markierung mit dem Montagsdatum mit Hilfe des pinkfarbenen Markers ins ORANGE zu befördern (= Tagewerk erledigt!),
3) einen neuen GELBEN Balken darunter zu malen und ihn mit dem Dienstags-Datum zu versehen,
4) alle Aufgaben gelb zu markieren, die Sie am Dienstag erledigen möchten und
5) eventuell noch neue Aufgaben in das Map einzutragen.

Sicher haben Sie bemerkt, daß mit diesem Farbenspiel am Tagesende automatisch und ohne schriftliches Übertragen die nicht erledigten Aufgaben von Montag auf Dienstag übertragen wurden. (Diese geniale Idee stammt von Joyce Wycoff. Herzlichen Dank!)

Diese ganzhirnige Art, seine Aufgaben zu planen, ist sicher nicht für jeden Aufgabenbereich gleich gut geeignet. Durch seine bestochend einfache Art, die übersichtliche Darstellungsweise, das visuelle Erfolgserlebnis beim Abstreichen einer erledigten Aufgabe und die Zeitersparnis hat das offene System der TO-DO-Maps jedoch viele meiner Seminarteilnehmer hell begeistert. Außerdem bewahrt es vor der Gefahr des Überplanens. Wenn man nämlich bemerkt, daß das TO-DO-Map, anstatt an "Orange" zu gewinnen, immer gelber wird,

"Man darf nie soviel zu tun haben, daß man zum Nachdenken keine Zeit mehr hat."
(Jeffers)

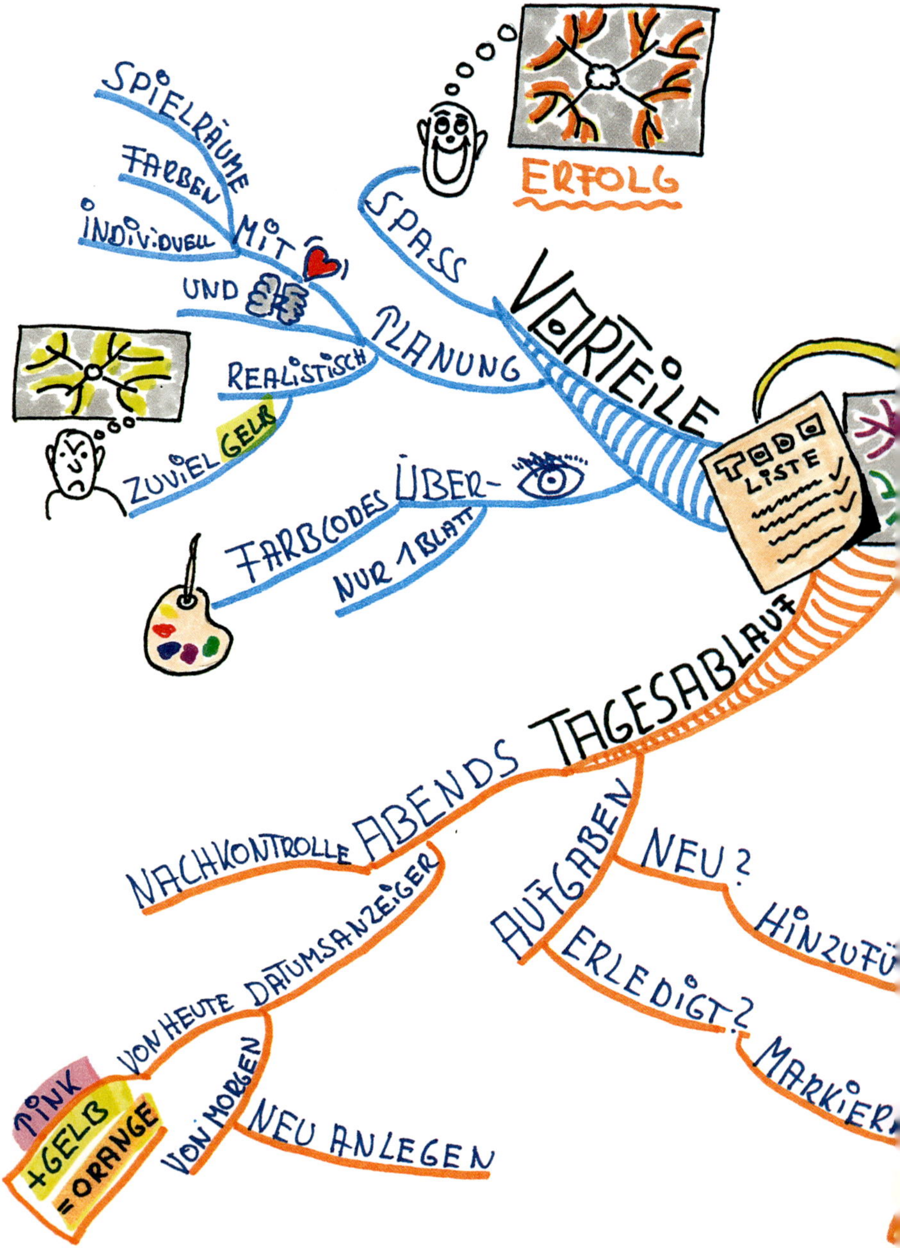

Zusammenfassung: TO-DO-Map

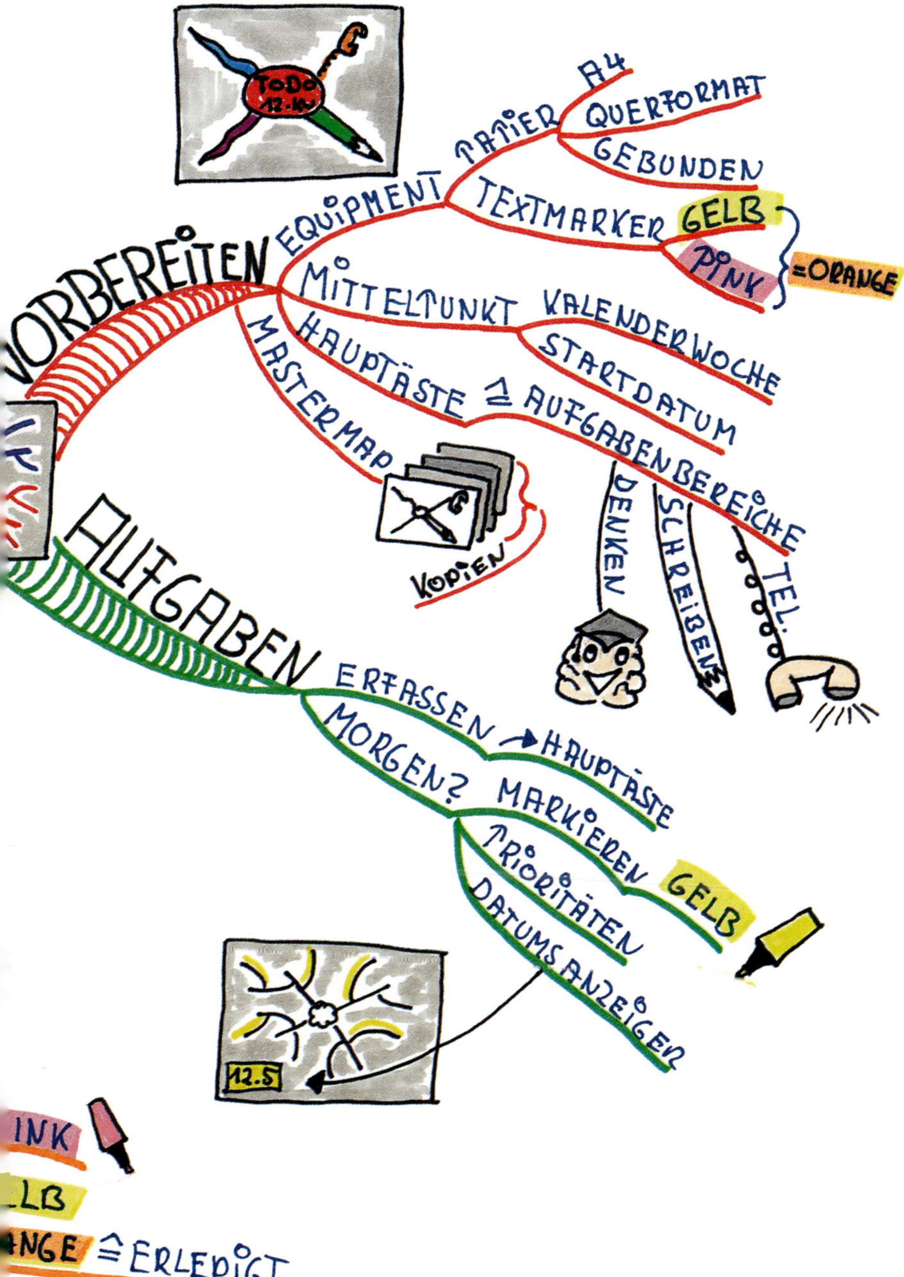
TODO 12.KW
VORBEREITEN
EQUIPMENT
PAPIER
A4
QUERFORMAT
GEBUNDEN
TEXTMARKER
GELB
PINK
=ORANGE
MITTELPUNKT
KALENDERWOCHE
STARTDATUM
HAUPTÄSTE ≙ AUFGABENBEREICHE
DENKEN
SCHREIBEN
TEL.
MASTERMAP
KOPIEN
AUFGABEN
ERFASSEN → HAUPTÄSTE
MORGEN?
MARKIEREN
GELB
PRIORITÄTEN
DATUMSANZEIGER
12.5
INK
LB
NGE ≙ ERLEDIGT

dann ist das ein Indiz dafür, daß hier etwas aus dem Ruder läuft.

Wann legen Sie am besten ein neues TO-DO-Map an?

Entweder Sie entscheiden sich dafür, jeden Sonntag ein neues TO-DO-Map anzulegen. Oder Sie arbeiten solange mit einem Map, bis es Ihnen zu unübersichtlich wird. Beide Vorgehensweisen haben ihre Vorteile.

Übrigens: Aufgaben, die ich eine ganze Woche erfolgreich vor mir hergeschoben habe und dann auf das nächste TO-DO-Map übertragen muß, kommen sofort an den Hauptast NOW OR NEVER (= JETZT ODER NIE, will heißen: Entweder mache ich diese Aufgabe an dem Tag, für die ich sie markiere oder ich mache sie NIE mehr.Quasi als letzter Aufruf für den ISH (= Innerer Schweinehund)).

DenkZeichen-Beispiel Nr. 5: Entscheidungen vorbereiten

"Das stärkste Prinzip des Wachstums liegt in der menschlichen Wahl." (George Eliot)

Soll ich oder soll ich nicht? Heute oder doch lieber erst morgen? Bei X oder besser bei Y kaufen? Die Ledercouch besser in schwarz oder doch in braun?

Jeden Tag müssen wir uns zwischen Hunderten kleinen und größeren JAs und NEINs entscheiden. Und selbst wenn wir uns nicht entscheiden, ist auch dies eine Entscheidung.

Sicher können Mind Maps oder Clusters Ihnen nicht die Entscheidung abnehmen. Mit dem

Anfertigen einer DenkZeichnung können Sie jedoch schnell eine gute Übersicht über alle Einflußfaktoren der Entscheidung bekommen und somit eine wesentliche Voraussetzung für eine gute Entscheidung schaffen.

Mathias und sein Staubsauber

Die folgende Geschichte handelt von Mathias, einem recht guten Freund und Junggesellen. Eines Morgens im letzten Jahr zog Mathias los, um sich in Heidelberg einen Staubsauger zu kaufen. Nicht, daß dies eine Aufgabe für ihn gewesen wäre, die "man mal schnell so macht".

Nein - wenn Mathias eine Entscheidung fällt, dann möchte er 100% sicher sein, daß es auch die richtige ist. Und dazu ist es seiner Meinung nach nötig, alle Informationen zu besitzen, die man über den Gegenstand der Entscheidung bekommen kann. Er wollte schließlich "das Optimale" für sein Geld bekommen.

So ließ er sich in nicht weniger als sieben Läden eine Unmenge von Staubsaugern zeigen und vorführen, um nach Stunden der Unentschlossenheit mit ca. drei Kilogramm Prospektmaterial nach Hause zu kommen. Nachdem er weitere Stunden dafür investiert hatte, das gesamte Material zu sichten und zu ordnen und darüber eine DIN A3 große Entscheidungsmatrix mit Prioritäten und Wertungspunkten anfertigte, war er sich sicher: *"Ich habe den absolut optimalsten Staubsauger gefunden!"*

Die Geschichte näherte sich ihrem Höhepunkt, als Mathias am darauffolgenden Samstag zielstrebig das richtige Geschäft ansteuerte, um dort den richtigen Staubsauger zu kaufen.

"Ich muß eine erstaunliche Menge Geist haben; manchmal brauche ich eine Woche, um mich zu entscheiden." (Mark Twain)

"Sicher - der Vampir 456 ist ein sehr gutes Gerät, aber darf ich Ihnen dennoch ein wirklich günstiges Alternativangebot zeigen....", begrüßte ihn eine überaus nette Dame mit einem überaus charmanten Lächeln in den Augen.

Die Quintessenz war: Mathias kam mit einem völlig anderen Staubsauger nach Hause (dieser stand nicht einmal auf seiner Liste!), als er eigentlich wollte. Dafür bekam er ein (nach seinen Worten!) wundervolles Rendezvous mit Marika, die heute seine Freundin ist.

Ein großer amerikanischer Automobilkonzern machte vor einiger Zeit eine großangelegte Umfrage unter seinen Kunden und stellte folgende Frage: *"Was schätzen Sie besonders an uns?"* Sie können sich sicher vorstellen, was man in der Geschäftsleitung erwartete (oder besser: sich wünschte). Gerne hätte man gehört, daß die Autos, die dieser Konzern baute, zu der absoluten Top-Klasse in bezug auf Qualität und Preis gehörten. Die Auswertung der Umfrage ergab jedoch etwas völlig anderes: An erster Stelle der Kunden-Hitliste waren die freundlichen und höflichen Stimmen der Telefonistinnen zu finden.

Es ist einfach eine Tatsache, daß bei den meisten unserer Entscheidungen Gefühle und Emotionen eine wichtige, aber oftmals unterschätzte Rolle spielen.

Man geht heute sogar davon aus, daß viele

Entscheidungen auf der Managementebene großer Konzerne größtenteils auf intuitiver Ebene getroffen werden und im nachhinein versucht wird, diese Entscheidung durch rationale Argumente zu begründen. In jeder Verhandlung, in jedem Meeting und jedem Zweiergespräch trifft man auf dieses Phänomen: Stimmt die Chemie auf der emotionalen Gefühlsebene zwischen zwei Gesprächspartnern nicht, laufen die besten, sprich: "logischen" Argumente ins Leere. Ist es nicht so?

Und wenn man eine Entscheidung einmal als Kommunikationsprozeß zwischen einzelnen Teilen in uns interpretiert, dann spielen eben neben den rationalen Einflußfaktoren auch Emotionen, Intuition und das Gefühl für "das große Ganze" eine wichtige Rolle.

Sicher haben Sie bemerkt, daß auch hier wieder die unterschiedlichen Arbeitsmodi unserer beiden Hirnhemisphären mitwirken. Viele der traditionellen Entscheidungshilfen lassen diesen Umstand völlig außer acht. Sie lassen keinen Spielraum, Emotionen und Intuition in den Entscheidungsprozeß mit einzubringen.

Das Ergebnis ist oftmals, daß man zwar eine rein logisch und faktisch richtige Entscheidung erhält, aber dann doch irgendwie "ein komisches Gefühl dabei im Bauch hat". Ähnlich wie mein Freund mit seinem Staubsauger.

DenkZeichnungen geben Ihnen die Möglichkeit, auch Gefühle in den Entscheidungsprozeß sinnvoll mit einzubeziehen. Sie bringen Transparenz und Übersichtlichkeit in die vielfältigen Einflußfaktoren Ihrer alltäglichen Entscheidungen.

Einige Tips zur Vorbereitung.

Verschaffen Sie sich Klarheit über Ihre Ziele!

"Ich weiß zwar nicht, wohin ich will, aber Hauptsache, ich bin schnell dort." (Ein Workaholic)

Die wichtigste Voraussetzung für Entscheidungen ist, daß Sie wirklich wissen, was Sie wollen. Woran sollen wir prüfen, ob eine Entscheidung richtig oder falsch ist, wenn es dazu keinen übergeordneten Maßstab gibt?

Und dieser Maßstab heißt: Ziele.

Sicher - jeder Mensch hat Ziele, aber sind diese auch so konkret, um als Richtschnur für eine wichtige Entscheidung dienen zu können?

Das Ziel "Ich möchte glücklich sein!" ist kein Ziel in diesem Sinne, denn ich weiß nie, wann ich es erreicht haben werde. Um kluge Entscheidungen zu treffen, müssen Sie Ihre Ziele kennen und sich bewußt machen. Nehmen Sie sich die Zeit und verschaffen Sie sich Klarheit über Ihre Ziele. Was möchten Sie bis wann erreicht haben? Und warum? Checken Sie jeden Lebensbereich ab! (Gesundheit + Fitness, Familie, Soziales Engagement, Geld + Eigentum, Hobbys u.a.)

Wichtig ist, daß Sie sich schriftlich mit Ihren Zielen auseinandersetzen. Die Ziele unseres Lebens sind niemals statisch, sondern verändern sich laufend. Ziele, die Sie nur vage im Kopf haben, können Sie nicht modifizieren. Achten Sie darauf, daß Ihre Ziele sensorisch definit sind, d.h. daß Sie mit einem Ihrer fünf Sinne feststellen können, ob und wann Ihr Ziel erreicht ist. “Ich möchte glücklich sein!” ist sicher kein solches Ziel. Hingegen wenn ich mir vornehme: “Ich bleibe ruhig und gelassen, auch wenn ich auf der Autobahn rechts überholt werde”, dann läßt sich das Erreichen dieses Ziels sehr wohl nachprüfen.

Entscheidungsprozesse mit Mind Maps vorbereiten

Schritt 1: Der Mittelpunkt

Zeichnen Sie das Objekt Ihrer Entscheidung in den Mittelpunkt Ihres Blattes. Verwenden Sie dazu Farben und Dimensionen.

Schritt 2: Die Hauptäste

Im einfachsten Falle handelt es sich um eine “Entweder-oder”-Entscheidung, d.h. eine Entscheidung zwischen zwei Alternativen, z.B. Aufstehen oder Liegenbleiben, ein neues Auto kaufen oder nicht, nach München umziehen oder eben nicht? (Ein etwas schwierigerer Fall ist die Entscheidung zwischen mehreren Alternativen - aber auch das können Sie mit Mind Maps vorbereiten.)

Im ersten Fall kommen Sie mit zwei großen Hauptästen aus - einem JA- und einem NEIN-Ast.

Schritt 3: Freies Assoziieren

Starten Sie nun ein Gedanken-Feuerwerk (mind-burst) und lassen Ihre Gedanken ungefähr 10 Minuten assoziativ um das Thema kreisen. Notieren Sie alles, was Ihnen in dieser Zeit einfällt und mit dem Thema zu tun hat. Bitte denken Sie an unsere Spielregel: Halten Sie Ihre kritischen und analytischen Gedanken während dieser freien Assoziation im Zaum. Ich garantiere Ihnen: In diesen 10 Minuten werden Ihnen eine Menge Dinge durch den Kopf schießen, die (für Ihre logische linke Gehirnhemisphäre) "überhaupt nicht hierher gehören" oder "hier völlig fehl am Platz sind".

"Wer darauf besteht, alle Faktoren zu überblicken, bevor er sich entscheidet, wird sich nie entscheiden." (Henri-Frédéric Amiel)

Lassen Sie sich durch diese "linkshirnige Nörgelei" nicht davon abbringen, diese Gedanken festzuhalten. Sie spielen garantiert eine Rolle bei Ihrer Entscheidung, auch wenn diese Rolle nicht so augenscheinlich ist, wie es Ihr linkes Hirn gerne hätte.

ACHTUNG: Versuchen Sie nicht einen Ast nach dem anderen "systematisch" abzuarbeiten! Also nicht erst über den NEIN-Ast nachdenken, und DANACH erst über den JA-Ast. Diese lineare Vorgehensweise begrenzt Ihr Denken!

Wechseln Sie so oft zwischen den beiden Ästen, wie Sie mögen. Versuchen Sie, besonders in diesem Schritt so intensiv wie möglich mit Bildern und Farben zu arbeiten, denn Bilder und Farben fangen die Gefühle ein, die bei dieser Entscheidung eine Rolle spielen. Wenn Sie das Gefühl überkommt, mehr oder weniger alle wesentlichen Kriterien zuammengetragen zu haben (... was wiederum einer wichtigen Entscheidung gleichkommt), gibt es nun fünf Möglichkeiten zur richtigen Entscheidung.

Möglichkeit 1: Die Entscheidung hat sich bereits selbst getroffen.

Manchmal...

... passiert es bereits, während man noch am Assoziieren ist, während man noch auf dem Papier herumzeichnet und die Einflußfaktoren festhält: Plötzlich lichtet sich der Nebel im Kopf. Es ist so, als ob ein geistiger Vorhang fällt und man die richtige Alternative völlig klar vor Augen hat - ohne Wenn und Aber.

"Die Hauptschwierigkeit beim Denken ist das Chaos. Wir versuchen, zuviel auf einmal zu tun. Gefühle, Vernunft, Fakten, alles bestürmt uns gleichzeitig. Es ist, als jongliere man mit zu vielen Bällen." (Edward de Bono)

Was ist da genau passiert?

Allein dadurch, daß Sie das Problem in Form eines Mind Maps aufs Papier gebracht haben, gewinnen Sie über so manche zunächst verworrene Situation Klarheit.

Diesen Effekt machen wir uns oftmals zunutze, wenn wir das Bedürfnis haben, mit Freunden über ein Problem oder eine Entscheidung zu reden. Es sind oftmals weniger der Dialog und die Ratschläge, die einem bei der Lösung helfen. Allein die Formulierung des Problems oder der Entscheidung läßt es oder sie klarer erscheinen.

Durch die Darstellung in Map-Form gewinnen Sie mehr Überblick über die Situation und die Entscheidung scheint im wahrsten Sinne des Wortes "auf der Hand" zu liegen: "Genau - so mache ich's!" Sollte Sie dieses HEUREKA-Gefühl nicht überkommen, können Sie vielleicht durch eine Gewichtung im klassischen Sinn etwas mehr Licht in die Situation bringen.

Möglichkeit 2: Gewichten Sie die Kriterien.

Vergeben Sie für jedes Schlüsselwort in Ihrem Map je nach Wichtigkeit eine Wertzahl zwischen 0 und 100. Addieren Sie dann alle Wertzahlen der PRO-Seite zu einem PRO-Ergebnis und alle Wertzahlen der KONTRA-Seite zu einem KONTRA-Ergebnis. Die höhere Zahl gewinnt! (Das ist der etwas linkshirnigere Stil, aber wenn's hilft?!)

Möglichkeit 3: Überschlafen Sie's einmal!

"Lerne zu pausieren ... sonst wird dich nichts Lohnendes einholen können." (Dough King, Dichter)

Sollten Sie sich nun immer noch nicht zu einer Entscheidung durchringen können, schlafen Sie einmal darüber. Hören Sie auf, wenn Ihnen nichts mehr dazu einfällt. Gewinnen Sie Distanz und Abstand zu der Sache. Lassen Sie Ihr Entscheidungs-Map über Nacht liegen. Damit delegieren Sie einen großen Teil der Entscheidungsarbeit an Ihr Unterbewußtsein. Am nächsten Tag werden Ihnen noch weitere Entscheidungskriterien einfallen. Damit geben Sie Ihren grauen Zellen die Möglichkeit, quasi über Nacht all die Informationen zu verarbeiten und zu einem Ganzen zu integrieren.

Tip: Falls es sich um eine wirklich wichtige Entscheidung handelt, lege ich mir das Entscheidungs-Map auf den Nachttisch. Gerade in der Zeit kurz vor dem Aufwachen hat man meist noch eine Menge guter Ideen - die aber spurlos verschwinden, wenn man richtig wach wird.

Möglichkeit 4: Der Trick mit der Münze

Quält Sie immer noch der Zweifel, wie Sie sich

entscheiden sollen? Hat auch eine detaillierte Gewichtung nichts ergeben? Würden Sie wirklich beide Alternativen gleich zufriedenstellen? Dann versuchen Sie es doch mal mit einer wirklich klassischen Entscheidungsmethode: Werfen Sie eine Münze hoch!

Kopf für Alternative A - Zahl für Alternative B.

Hinter dieser uralten Methode steckt mehr, als Sie vielleicht vorab glauben mögen. Der Trick bei der Sache ist nämlich folgender: Während Sie die Münze hochwerfen (oder lassen), achten Sie ganz genau auf Ihre Gefühle. Wie ist Ihre allererste Reaktion, wenn die Münze gefallen ist? Sind Sie enttäuscht, daß die Münze ausgerechnet auf diese Seite fiel? Dann hat sich trotz allen bewußten Grübeln und Abwägen Ihr Unterbewußtsein bereits für eine Alternative entschieden. Nämlich für die andere Seite der Münze! Womit auch die Entscheidung gefallen ist, oder?

Ein Architekt plante eine Reihe von großen Bürogebäuden, die rings um eine große Grünfläche angeordnet waren. Als die Bauarbeiten beendet waren, fragte ihn das Team der Landschaftsarchitekten, wo er die Wege zwischen den Gebäuden haben wolle. "Noch nicht", war seine Antwort, "pflanzen Sie einfach dichtes Gras zwischen den Häusern." Das wurde getan, und am Ende des Sommers war der neue Rasen durchzogen mit Trampelpfaden, die von Haus zu Haus führten. Die Wege folgten den zügigsten Verbindungslinien zwischen den Häusern, wanden sich in leichten Kurven und entsprachen auch in der Breite dem Verkehrsaufkommen. Sie waren nicht nur schön, sondern auch benutzerfreundlich. Im Herbst ließ der Architekt die Pfade einfach pflastern.

Zusammenfassung: DenkZeichnen

QUER
BLANKO
DIN A3
PAPIER
DIN A4
FILZSTIFTE
1A QUALITÄT
FEIN
SCHRIFT
MEDIUM
ÄSTE
STIFTE
TEXTMARKER
NEONGELB
PINK
ERIAL
ÄSTE
VERBINDEN
HIERARCHIE
NUTZE
FARBEN
NUTZE
EN
WORT
SCHRIFT
DRUCKSCHRIFT
SAUBER + PRÄZISE
GROSS
KLEINER
WORT AUF AST
WENIGE WORTE
WORTLÄNGE ≙ ASTLÄNGE

DenkZeichnen mit dem PC: Leonardo for Windows

C.A.T. - computer-aided-thinking oder
wie Sie noch schneller hirnen können

Grauenhaft!

... höre ich da schon die ersten Stimmen meiner rechten Gehirnhälfte rufen.

Jetzt kommt man nicht einmal mehr beim Clustern und MindMappen um die EDV herum. Wo soll das nur hinführen? Da reichen doch ein Blatt Papier und ein paar wirklich schöne Buntstifte. Wozu soll hierfür ein PC und sogar eine eigene Software wohl gut sein? Ich glaube, das ist nichts für mich!!!

Super! Wahnsinn!

... jubiliert hingegen meine linke Gehirnhälfte. Endlich gibt es ein PC-Tool, mit dem meine Maps jederzeit wieder änderbar sind, wo ich Ideen und Gedanken löschen und hinzufügen kann, ganz wie es mir beliebt - ohne Löcher ins Papier zu radieren. Endlich brauche ich mir keine Gedanken mehr zu machen, wie ich mein Map organisiere, sondern kann mich zu 100% auf den Inhalt konzentrieren.

Alles Unsinn!!

Sicher haben sich bei Ihnen, lieber Leser, liebe Leserin, bereits die sprichwörtlichen Nackenhaare gegen diese beiden Pauschalurteile eines typischen Rechts- und typischen Linkshirns gestellt. Beide sind zu überspitzt und zu einseitig.

Wie Sie wissen, vereinen wir beide Teile in uns, wenn auch nicht immer ganz ausgeglichen. Wir verfügen sowohl über den logisch-analytischen Linksdenker, den ich nicht erst von der EDV begeistern muß und der überzeugt ist, daß sein Laserdrucker sowieso sauberer schreibt als es jeder "Gehirnbesitzer" selbst kann, als auch den kreativ-chaotischen Rechtsdenker, für den seine alte Triumph-Adler-Schreibmaschine das höchste der technischen Gefühle ist.

Die erste Idee, die mich auf *"Leonardo for Windows"* brachte, war, daß wir unseren täglichen Handlungsspielraum erweitern können, wenn wir auch auf der Klaviatur des nicht so ausgeprägten Teilchens in uns spielen könnten.

Leonardo sollte nicht nur ein Problemlösungswerkzeug sein, sondern zudem quasi ein kleines *"mentales Fitneßcenter für beide Gehirnhälften"* werden,

.... in dem der mehr **LinksGehirnte** zwar eine ganze Reihe von planerischen und systematischen Programmbereichen findet, z.B. eine Übersetzungsfunktion der Maps in eine lineare Liste mit Terminen u.ä.). Darüber hinaus bekommt er jedoch gehörig Appetit auf die (für ihn) etwas chaotisch-kreativen Denkweisen gemacht, wie das freie Assoziieren mit Clusters.

...in dem der mehr **RechtsGehirnte** über eine sehr intuitive und grafische Benutzeroberfläche ohne langes Studium eines Handbuches sofort losmappen kann und jegliche Technophobie vergißt. Zudem wird er sehr schnell den Zugang zu (ihm) neuen Denkweisen finden, nämlich zu den der mehr logisch strukturierten Teile dieses PC-Programms, wie z.B. der Boolschen Algebra in dem Auswertungsteil.

In unserem Fitnesscenter namens *Leonardo* werden beide Denkfähigkeiten gleichermaßen trainiert. Meiner Ansicht nach schließen sich diese beiden Teile in uns nicht aus, sondern ergänzen sich wunderbar zu einem Ganzen, das (hier besonders) mehr ist als die Summe seiner Teile. Die weiteren Ideen, die mich darin bestärkten, *Leonardo* programmieren zu lassen, waren mehr pragmatischer Natur:

Immer wieder ärgerte ich mich darüber, daß plötzlich mitten in einem Ideenfeuerwerk, das ich per Map aufs Papier brachte, das Papier zu Ende war. Nun gut - ich machte mir zur Gewohnheit, grundsätzlich auf DIN A3 Bögen zu arbeiten, was nicht immer besonders praktisch war (z.B. in Vorträgen ohne Tische).

Ich wünschte mir eine Art "in-alle-Richtungen-endlos-Papier".

In *Leonardo* ist dieser Wunsch wirklich geworden. Ich beginne meinetwegen mit einem handlichen A4 Papierbogen. Falls mir dieser zu klein wird, ändere ich ihn mit einer Programmfunktion in einen DIN A3 oder sogar DIN A2 Bogen. Und das Schöne ist: Sie können diese großen Maps mit jedem handelsüblichen DIN A4-Drucker ausdrucken.

Den Traum zur zweiten Idee hatte ich, nachdem ich einen Artikel für eine Zeitschrift in die Textverarbeitung meines PCs tippte. In einem lichten Moment wurde mir wieder einmal so richtig klar, wie wunderbar solch ein Textprogramm gegenüber meiner alten Schreibmaschine war. Da konnte man Worte, Sätze und ganze Abschnitte hier wegnehmen, um sie dort wieder einzufügen. Da konnte man sich Platz machen, wo immer man ihn brauchte, um neue Gedanken einzufügen und erst, wenn das Ganze wirklich fertig war, drückte man eine Taste und bekam einen sauberen Ausdruck des ganzen Textes. So etwas wollte ich auch für meine DenkZeichnungen!

Auch hierüber wird sich Ihr ganzes Gehirn freuen. Ihr linker Teil, weil es sich nicht dauernd beim Mappen überlegen muß, wie es das Ganze organisiert, damit es einigermaßen ordentlich aussieht. Und Ihr rechter Teil, weil ihm Freiheitsgrade zur Verfügung stehen, die man niemals auf dem Papier haben kann.

In *Leonardo* können Sie erst einmal frisch und fröhlich drauflosmappen, ohne sich Gedanken machen zu müssen, wo welche Idee hingehört.

Denn... Sie können Cluster herumschieben, wie Güterwagons in einem Rangierbahnhof. Sie können Cluster hier wegnehmen, um sie an einer anderen Stelle wieder einzufügen. Sie können Schlüsselworte nachträglich ändern, und selbst die Farben und Formen sind nicht fix.

Vielleicht fragen Sie sich jetzt - Warum dann überhaupt noch auf dem Papier mappen?

Um ehrlich zu sein - das frage ich mich manchmal auch. Nein, Spaß beiseite. Auch wenn die

Techno-Freaks unter uns ihren Notebook-Computer überall dabei haben - bei einem plötzlichen Anfall von Kreativität habe ich doch (noch!?) schneller Papier und Buntstift zur Hand.

Aber wie lange wohl noch?!

DenkZeichnen mit dem PC
Leonardo for Windows

Möchten Sie “Leonardo for Windows” gleich einmal ausprobieren? Das können Sie. Quasi als “Appetithäppchen haben wir Ihnen die Demo-Version unserer PC-Software “Leonardo for Windows” gleich hinten in dieses Buch mit eingeklebt.

Also: Nehmen Sie die Diskette aus dem Buch und schon kann's losgehen mit dem DenkZeichnen per PC. Alles was Sie dazu benötigen, ist ein Personal-Computer und das grafische Betriebssystem “MS-Windows” ab Version 3.1.

Die Demo-Version umfaßt sämtliche Möglichkeiten des Voll-Programms, außer:

1. Die Anzahl der möglichen Starts der Demoversion ist auf 30 begrenzt.

2. Ein Speichern ist nicht möglich.

3. Auf jedem Ausdruck erscheint der Hinweis, daß es sich um eine DEMO-Version handelt.

Die Installation der Demo-Version:

1. Starten Sie Ihren PC.

2. Starten Sie das grafische Betriebssystem “MS Windows”.

3. Legen Sie die diesem Buch beigefügte Demo-Diskette in das passende Diskettenlaufwerk Ihres PC's ein.

4. Wählen Sie im “Programm-Manager” den Menüpunkt “Ausführen” im Menü “Datei” an.

5. Geben Sie in der Befehlszeile folgendes ein: A:SETUP (bzw. B:SETUP) und schließen Sie diesen Befehl mit der <Eingabetaste> ab.

6. Nun wird das Installationsprogramm gestartet, das die Demo-Version von “Leonardo” von der Diskette auf die Festplatte Ihres PC’s überträgt.

7. Folgen Sie allen Anweisungen des Installationsprogramms.

Falls Sie während der Installation keine Änderungen vorgenommen haben, befindet sich nun auf Ihrer Festplatte ein neues Unterverzeichnis namens “LEONARDO”. In diesem Unterverzeichnis liegen folgende vier Dateien:

LEODEMO.EXE (Die Programmdatei)
LEODEMO.INI (Initialisierungsdatei)
TUTORIUM.LEO (Beispieldatei 1: Wissenswertes über Leonardo und das DenkZeichnen)
SKIURLAUB-LEO (Beispieldatei 2: Eine Checkliste für den Skiurlaub).

Wenn Sie die Installation erfolgreich beendet haben, kann es losgehen. Starten Sie “Leonardo”, indem Sie das Programm-Icon von “Leonardo” im Programm-Manager mit Ihrer Maus anwählen (per Doppelklick).

Um Ihnen einen kleinen Einstieg zu geben, hat Norbert Heimbeck, Redakteur beim Ring Nordbayerischer Tageszeitungen, Ihnen hier ein kurzes Beispiel für ein erstes Map zusammengestellt:

Das erste Planungsvorhaben am PC

Jeder hat Wünsche, die nicht erfüllt sind, ist unzufrieden mit bestimmten Momenten im privaten und beruflichen Bereich, hat Pläne, die er realisieren will. Damit aus Ideen Taten werden, setzen sich Menschen Ziele. Sie schreiben sich ihre Vorhaben auf, sie zeichnen oder malen sich die Zukunft in rosigen Farben aus. Mit der richtigen Methode ist Planung ein spannender Prozeß, an dessen Ende ein hohes Maß an Zufriedenheit steht. Die Software verbindet die Kreativität des Menschen mit der Präzision und dem Komfort des Computers. Anhand eines einfachen Beispiels laden wir Sie ein, die Möglichkeiten des Programms kennenzulernen. Experimentieren Sie ruhig selbst mit der mitgelieferten Musterdatei, um die Möglichkeiten der Software zu erkunden.

Wer kennt das nicht: Der Urlaub steht vor der Tür und nichts ist nicht einmal halb fertig. Jetzt bloß nichts vergessen! Ist der Wagen in Ordnung? Gelten alle Pässe/Papiere? Sind alle Reservierungen bestätigt worden? Die Liste ließe sich zweifellos verlängern. Peter und Elke zeigen uns im folgenden, wie sie sich mit Hilfe der Software LEONARDO auf ihren Skiurlaub vorbereiten.

Ein doppelter Klick auf das Programmsymbol startet die Software, das Startbild verschwindet nach einem Mausklick irgendwo auf dem Schirm. Peter klickt nun das Symbol für Neue Denkkarte an und gibt als Titel der Karte "Skiurlaub" ein. Die neue Karte wird zunächst in

Miniaturform dargestellt. Aus dem Menü "Ansicht" wählt er den Befehl "Originalgröße", um das Arbeitsblatt in einer sinnvollen Größe am Bildschirm darzustellen. Am rechten und unteren Bildschirmrand erscheinen Rollbalken, mit deren Hilfe die Bewegung auf dem Arbeitsblatt möglich wird.

Nun kann das Brainstorming beginnen. Peter und Elke sammeln gemeinsam Ideen und listen alle Vorbereitungen auf, die für ihren Urlaub nötig sind. Ein Mausklick auf das Symbol für "Ast hinzufügen" verwandelt den Mauszeiger in einen Pfeil mit einem Fähnchen daran. Wir setzen die Spitze in den Kreis des ersten Stichwortes, drücken die linke Maustaste und ziehen die Maus einige Zentimeter nach außen. Sobald die Taste losgelassen wird, öffnet sich eine Dialogbox, in die wir das nächste Stichwort eingeben können. Die Begriffe dürfen maximal 30 Zeichen haben. Peter und Elke zeichnen auf diese Weise folgende Stichpunkte auf das elektronische Arbeitsblatt: Auto, Autoclub, Wertsachen, Anreise, Haushüter, Ausrüstung, Buchungen. Weitere Begriffe werden auf dieselbe Weise eingetragen. Das Programm zeichnet dabei Unterpunkte automatisch so ein, daß ihre Hierarchiestufe kenntlich wird.

Wer schon mit dem PC gearbeitet hat, weiß Bescheid: Vorsichtshalber sollte die Arbeit öfter zwischendurch gesichert werden. Ein Klick auf das Disketten-Symbol öffnet beim ersten Mal ein Fenster, in dem wir den Dateinamen eingeben können. In diesem Fall bietet sich wohl

"Urlaub" an. Die Datei-Endung ".leo" wird vom Programm automatisch hinzugefügt. Im fortgeschrittenen Planungsstadium genügt dann ein Mausklick auf das Disketten-Symbol, um die weiteren Änderungen an der Zeichnung ohne Rückfragen zu sichern.

Peter und Elke haben inzwischen eine Fülle von Ideen und Stichworten notiert. Elke macht nun darauf aufmerksam, daß der Hauptast "Autoclub" doch eher ein Unterpunkt des Themas "Auto" sei. Mit dem Säge-Symbol trennt Peter die Verbindung zwischen dem Stichwort und dem Hauptbegriff "Skiurlaub".

Anschließend wählt er "Ast verschieben" und positioniert mit Hilfe der Maus alle Blasen neu.

Mit dem Knotensymbol wird der Ast an den neuen Oberbegriff wieder angeknüpft: Zuerst ein Klick auf das anzuknüpfende Stichwort, die Maustaste gedrückt halten, zum neuen Ankerpunkt ziehen und dann loslassen. Schon "steht" die neue Verbindung.

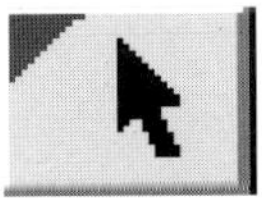

Bei mehreren Begriffen könnte man umständlich jeden einzeln verändern. Es geht jedoch auch bequemer: Um mehrere Stichwörter mitsamt ihren "Blasen" gleichzeitig zu verschieben, müssen diese vorher markiert werden. Dazu tippt man die Tasten "Shift" bzw. "Steuerung" an und drückt zugleich die linke Maustaste.

Doch beobachten wir unser Urlauberpaar weiter bei seinen Vorbereitungen. Der Wagen muß vor der Reise zur Inspektion: Der Werkstatt-

Termin kann ganz einfach über das Datums-Symbol eingetragen werden. Peter sucht sich nach dem Anklicken des Symbols einen freien Platz in der Nähe des Schlüsselwortes "Werkstatt", plaziert dort den Mauszeiger und erhält nach dem Loslassen ein Eingabefeld. Genauso wird beim Hauptast "Haushüter" der Zeitpunkt für das zeitweilige Abbestellen der Zeitung und das Gespräch mit dem "Haus-Sitter" Herrn Schmidt terminiert.

Da der Wächter während der Abwesenheit der Urlauber den Briefkasten leert, die Blumen pflegt und ähnliche kleine Aufgaben erledigt, fügt Peter mit Hilfe des "Memo-Symbols" eine kurze Beschreibung der wichtigsten Punkte hinzu. Diese wird später separat ausgedruckt und Herrn Schmidt übergeben. Zuerst wird das Symbol angeklickt, auf dem gewünschten Stichwort drückt Peter die linke Maustaste und schon öffnet sich ein Fenster, in dem die passenden Notizen eingegeben werden können. Ein Mausklick irgendwo auf der leeren Zeichenfläche schließt das Textfenster. Sollen später noch Ergänzungen eingegeben werden, öffnet das beschriebene Vorgehen das vorhandene Memofeld. Das Speichern dieser Texte erfolgt im Programm automatisch.

Nachdem nun eine Reihe von Ideen auf dem Blatt steht, verteilen Peter und Elke die Aufgaben. Sie bedienen sich dazu der Formatierungsmöglichkeiten der Software, mit denen das Arbeitsblatt optisch ansprechend gestaltet werden kann. Rund ums Auto wird Peter zuständig sein, für Buchung und Ausrüstung ist Elke verantwortlich. Also werden zunächst die Äste "Auto" und "Anreise" wie oben beschrieben markiert. Über das Format-Symbol wird das Layoutfenster geöffnet, in dem die Farben, Linien- und Rahmenart sowie die Schrift in den Clustern verändert werden können. Man braucht dazu nur einen der Auswahlknöpfe zu drücken.

Der Schaltknopf "Rahmen" bietet in einer Liste diverse Formen für die Blasen an. Außerdem kann jede Blase mit einer eigenen Farbe und einem individuellen Muster gefüllt werden. Zusätzlich können alle Rahmen mit einem Schattenwurf versehen werden. Und zuletzt können auch noch die Farbe und Dicke der Linie rund um das Stichwort verändert werden. Ein Musterbild zeigt die Wirkung der getroffenen Entscheidungen. Peter wählt für seine Aufgaben aus der Liste "Rahmenart" ein "Rechteck". Elkes Bereich wird mit einem "Stern" markiert. Gemeinsame Aufgaben werden durch eine Ellipse gekennzeichnet. Da Elke über einen Farbdrucke rverfügt, wählen die beiden noch verschiedene Rahmenfarben, um ihre Urlaubsplanung schön poppig zu gestalten. Die Farbgebung kann zusätzlich zur Unterscheidung verschiedener Aufgaben oder Themen genutzt werden.

Um das Planungswerk endlich in Händen zu halten, klickt Peter das Druckersymbol an. Nach wenigen Sekunden spuckt das Gerät die Zeichnung aus. Seiten, die Peter und Elke stets in ihrem Timing-Zeitplanbuch mit sich führen wollen, werden auf passende Blätter ausgedruckt. Im Menü "Datei" findet sich dazu der Befehl "Seite einrichten", mit dem verschiedene Seitenformate (DIN A4, DIN A5 etc.) gewählt und die Orientierung des Blattes (Hoch- oder Querformat) bestimmt werden können.

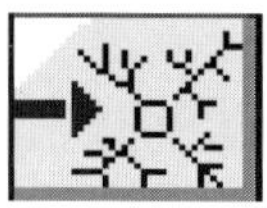

Zuletzt will Elke noch eine Liste für ihren Gang zur Bank ausgedruckt haben. Der entsprechende Ast "Wertsachen" in unserer Planung enthält unter anderem die Punkte "Bank, Euroschecks, Kreditkarte, Bargeld (DM und Francs jeweils 2000)". Kein Problem für Peter:

Er wählt in der unteren Reihe der Symbolleiste einfach den Schalter für die Listendarstellung. Blitzschnell zeigt der Computer eine Liste in Form einer Gliederung. Darin markiert er durch Ziehen mit der Maus den gewünschten Bereich und wählt aus dem Datei-Menü den Befehl "Text drucken". Nach kurzer Zeit hält Elke die gewünschte Merkliste in Händen. Zurück zum Clustering geht es mit Hilfe des Cluster-Symbols.

Ein letzter Klick auf das Speichern-Symbol sichert alle Änderungen. Der Befehl "Beenden" aus dem "Datei-Menü" schließt das Programmfenster.

Die beiden Urlaubshungrigen in unserem Beispiel sind mit ihrem Brainstorming zufrieden: Sie haben bereits bei der Ideensammlung die wichtigsten Aufgaben terminiert und untereinander verteilt. Sie haben eine optisch ansprechende Planung erstellt und mit einem einzigen Mausklick für den Haushüter und den Kundenberater der Bank (die beide noch nichts von dieser Technik gehört haben) Informationen in der gewohnten Stichwort-Form erstellt. Das alles ging dank der neuen Software wesentlich schneller und vollständiger vonstatten als sonst üblich. Und Spaß gemacht hat der Planungsvorgang den beiden auch.

Weitere Möglichkeiten des Programms lernen Sie am besten durch Ausprobieren kennen. Nutzen Sie dazu die Musterdatei "Tutorial.leo", die Sie mit dem "Datei-öffnen"-Symbol von der Diskette laden können, oder erstellen Sie Ihr erstes eigenes Clustering.

Wir wünschen Ihnen viel Spaß beim Kreativsein!

Zum Schluß

Sie wissen ja: Der längste Weg beginnt mit dem ersten Schritt.

Herzlichen Glückwunsch!!!!

Können Sie sich noch an Ihr erstes MindMap oder Ihr erstes Clustering erinnern?

Wie Sie damals vielleicht gedacht haben: "Eigentlich ist das ja ein wenig kindisch. Mit so vielen Farben ein buntes Allerlei von Strichen und Worten aufs Papier zu bringen". Vielleicht haben Sie damals sogar nur "heimlich" gemappt und ge-clustert, denn was hätten wohl andere dazu gesagt. Vielleicht haben Sie auch harte Kämpfe mit Ihrem "Mr. Yesbutter" ausgestanden, der zu Beginn befürchtet hat, daß Sie seine Logik und sein sequentielles Vorgehen nun in einem Anfall von Euphorie völlig über Bord werfen.

All dies ist nun schon eine ganze Weile her. Sicher haben Sie schon eine Menge DenkZeichnungen gemacht, vielleicht am Anfang etwas zaghaft, mit wenigen Farben und nicht allzu vielen Bildern. Aber mit jedem Mind Map und jedem Cluster mehr, das Sie gezeichnet haben, haben Sie bemerkt, wie Ihnen das Zeichnen flotter von der Hand geht und daß es nicht nur Spaß macht, mit Farben und Bildern zu arbeiten, sondern daß es zudem richtig effektiv ist: Sie konnten sich Informationen, die Sie mit Maps erarbeitet hatten, viel leichter merken, und beim DenkZeichnen kamen Sie auf eine ganze Reihe ungewöhnlicher Ideen.

Vielleicht konnten Sie sogar schon das ein oder andere Mal feststellen, wie beim DenkZeichnen plötzlich die Zeit ins Fließen gekommen ist, wie Sie über Minuten hinweg hochkonzentriert und aufmerksam bei der Sache waren. Es könnte sogar sein, daß Sie schon jetzt nach vielleicht vier oder fünf DenkZeichnungen bemerkt haben, wie Ihr "Mr.Yesbutter" während kreativer Prozesse immer stiller wurde und Ihnen nicht dauernd "dazwischenfunkte".

Das tat er, weil er wußte, daß sein Talent später gefragt wird.

Ich bin sicher, daß Sie - liebe Denkzeichnerin und lieber Denkzeichner - erkannt haben, daß Mind Mapping und Clustering kein Ersatz für all die Arbeitstechniken ist, die Sie bereits kannten.

DENKEN muß Spaß machen!
(Rupert Sheldrake)

DenkZeichnen will vielmehr ein zusätzliches "Werkzeug" im Werkzeugkoffer Ihrer Denktechniken sein, mit dessen Hilfe Sie schneller und mit mehr Spaß zu dem Ergebnis kommen, das Sie anstreben.

Und - da bin ich mir sicher - Sie haben gespürt, daß das DenkZeichnen nicht nur eine effektive Technik ist, sich Notizen zu machen. DenkZeichnen ist vielmehr der äußere Ausdruck einer bestimmten Denkweise, einer Art und Weise, die eigenen Gedanken auf eine ganz bestimmte neue und ganzhirnige Art und Weise zu organisieren (nur um zu erklären, wie man ein paar bunte Striche aufs Papier bannt, muß man ja schließlich kein Buch schreiben).

DenkZeichnen steht für die innere Einstellung,

* ständig nach neuen Wegen zu suchen, sich zu verbessern und weiterzuentwickeln,

* quer-zu-denken, im Bewußtsein, daß alles mit allem irgendwie in Verbindung steht,

* daß wir die meisten Grenzen und Limitierungen in unserem eigenen Kopf machen, und damit auch mit demselben aufheben können,

* daß wir nur dann 100% aus einer Sache gewinnen können, wenn wir zuvor auch mit 100% (Liebe, Energie, Engagement) an eine Sache herangegangen sind,

* daß die Welt nicht schwarz-weiß ist, sondern Tausende von Graustufen hat,

* öfters einmal "sowohl-als-auch..." zu denken, an Stelle von "entweder-oder..."(z.B. "Spaß UND Arbeit", "logisch UND intuitiv", "das Ganze UND die Details" , "Gefühl UND Ratio" usw.),

* daß Spaß ein wesentlicher Faktor für Kreativität und Erfolg ist.

In diesem Sinne wünsche ich Ihnen noch viel Spaß und Erfolg auf Ihrem Weg zum Ganzhirn-Denker.

Ihr

Hans-Jürgen Walter

Ihre Meinung ist mir wichtig! Schreiben Sie mir doch einmal Ihre Erfahrungen mit dem Denk-Zeichnen. Wofür setzen Sie das Mind Mapping und das Clustering ein? Im Unternehmen, beim Studium oder in der Schule?

Sie erreichen mich über die Adresse des Josef Schmidt Verlages oder

per e-mail über die CompuServe-Adresse 100072,2526

Ich freue mich über jede Nachricht.

Anhang

Das Zertifikat für DenkZeichner

Zertifikat

Hiermit wird bescheinigt, daß ....die Kunst und die Technik des DenkZeichnens gelernt hat und berechtigt ist, den Spaß und den Nutzen dieser MERKwürdigen Denktechnik im ganzen Universum zu verbreiten.

Schicken Sie mir eine Farbkopie Ihrer schönsten DenkZeichnung (Mind Map oder Clustering) und einen kurzen Bericht über Ihre Erfahrungen mit dem DenkZeichnen. (Den Bericht bitte in ganzen Sätzen schreiben!)

Dafür erhalten Sie das Zertifikat für DenkZeichner und, falls Sie möchten, informiere ich Sie gerne über neue Erkenntnisse, neue Literatur, Seminare und Workshops auf diesem Gebiet.

Senden Sie diesen Antrag zusammen mit Ihrer DenkZeichen-Kopie in einem Fensterkuvert an:

Josef Schmidt Verlag
z.H. Herrn Walter
Eduard-Bayerlein-Str. 5

95445 Bayreuth

Antrag
für das DenkZeichnen-Zertifikat

Ja, bitte senden Sie mir das DenkZeichnen-Zertifikat und halten Sie mich über Weiterentwicklungen, neue Bücher, Workshops und Seminare auf dem Laufenden.

Eine Kopie meiner DenkZeichnung liegt bei.

____

Name, Vorname

____

Straße

____

PLZ / Ort

Das Seminar "MindMapping"- Ihr nächster Schritt zur DenkZeichen-Meisterschaft

Sind Sie vom DenkZeichnen begeistert?

Möchten Sie mehr über diese genialen Techniken erfahren?

Wollen Sie noch mehr Spaß und Effizienz im Umgang mit Ihrem Kraftprotz Gehirn erreichen?

Sind Sie ein Mensch, der etwas Neues mit all seinen Sinnen erfahren und begreifen möchte?

Dann freue ich mich schon heute darauf, vielleicht bei einem meiner nächsten Mindmapping-Seminare mit Ihnen zusammen in toller Umgebung und im Kreis von Gleichgesinnten die Hohe Schule des DenkZeichnens zu trainieren.

In zwei arbeitsreichen Seminartagen lernen Sie mit viel Spaß...

... all die Hintergründe des DenkZeichnens an praktischen Übungen kennen

... wie Sie mit Team-Maps in Gruppen einen synästhetischen Effekt erreichen

... wie Sie mit dem "1-Minuten-Map" Ihre Telefonate effektiver machen

... was "Simultan-Maps sind und wie man damit umgeht

... wie man mit dem Computerprogramm "Leonardo" virtuos umgeht und welche Vorteile dies hat

... und vieles mehr.

Gerne senden wir Ihnen unsere aktuellen Seminartermine zu.

Literaturverzeichnis

Bandler, Richard, Veränderung des subjektiven Erlebens, Paderborn 1992

Bandler/Grinder, Neue Wege der Kurzzeit-Therapie, Paderborn 1981

Becker, Bruce, Entscheidungen, Berlin 1991

Birkenbihl, Vera F., Stroh im Kopf, Speyer 1992

Burrus, Daniel, Technotrends, Wien 1994

Buzan, Tony, Nichts vergessen, München 1987, Kopftraining, München 1994, Use your head, London 1993, Use your memory, London 1994, Make the Most of Your Mind, London 1988, Master your memory, London 1993, The Mind Map Book, London 1993

Bono, Edward de, Laterales Denken, Düsseldorf 1989

Breidbach, Olaf, Expeditionen ins Innere des Kopfes, Stuttgart 1993

Edwards, Betty, Der Künstler in Dir, Hamburg 1987, Garantiert Zeichnen lernen, Hamburg 1992

Herrmann, Ned, Kreativität und Kompetenz

Huhn, Gerhard, Kreativität und Schule, Berlin 1990

Holler, Johannes, Das neue Gehirn, Südergellersen 1991

Kirckhoff, Mogens, Mind Mapping, Berlin 1990

Lehrl/Fischer, Selber Denken macht fit, Ebersberg 1990

Margulies, Nancy, Mapping Inner Space, Tucson/Arizona 1991

*Metzig/Schuster,*Lernen zu Lernen, Heidelberg 1993

Oech, Roger von, Der kreative Kick, Paderborn 1994

Ornstein, Robert, Multimind, Paderborn 1992

Raudsepp, Eugene, Kreativitätsspiele für Manager, München 1994

Reichel, Gerhard, Der Computer im Kopf, Forchheim 1987

Restak, Richard M., Geist, Gehirn und Psyche, Frankfurt am Main 1981, Geheimnisse des menschlichen Gehirns, Landsberg/Lech

Rico, Gabriele L., Garantiert schreiben lernen, Hamburg 1993

Selye, Hans, Stress, München 1988

Schmidt, Josef/Wollner, Hilmar, Zeitsouveränität, Bayreuth 1988

Schmidsberger, Susanna + Dr. Peter, Fitness fürs Gehirn, München 1993

Spinola/Peschanel, Das Hermann-Dominanz-Instrument, Speyer 1989

Springer/deutsch, Linkes Rechtes Gehirn, Heidelberg 1987

Svantesson, Ingemar, Mind Mapping und Gedächtnistraining, Bremen 1993

Vester, Frederic, Denken, Lernen, Vergessen, Stuttgart 1992

Wujec, Tom, Schneller schalten als andere, München 1991

Wycoff, Joyce, Gedanken-Striche, Freiburg 1993